KB241003

미래는
존경받는 기업을
원한다

국립중앙도서관 출판시도서목록(CIP)

미래는 존경받는 기업을 원한다 / 김종립 편저
— 서울 : 한국능률협회출판, 2005
    P. ;   cm.

ISBN 89-7277-235-6 13320 : ₩10,000

324.4-KDC4
338.7-DDC21   CIP 2005000955

미래는
존경받는 기업을
원한다

김종립 편저

리드리드출판

책을 내면서

피터 드러커 교수는 기업의 책임을 '성과를 내는 것'과 '사회적 책임을 다하는 것'이라 말하였다. 기업이 내는 성과란 결과적으로 기업 구성원 전체의 생활을 지탱하는 원천으로, 기업이 성과를 내야함은 필수 불가결한 요소라 할 수 있다. 그는 또한 기업이 성과를 내기 위해서는 가치 창조의 유일한 원천인 '고객의 창조와 혁신'에 집중하는 것이라고 역설한다. 궁극적으로 '존경받는 기업'이란 기업의 핵심 경쟁력을 강화하여, 단기는 물론, 중장기적으로도 고객 창조에 성공하는 기업을 의미한다. 그리고 그 바탕에는 지속적인 혁신 체제의 구축이 자리 잡고 있다.

이 책의 개괄에 앞서 한국능률협회컨설팅에서 실시한 '한국에서 가장 존경받는 기업(The Korea's Most Admired Company)' 조사 및 선정과정에 대해 소개하고자 한다. 이 조사는 기업의 사회, 경제적 역할을 올바르게 인식시키고 신뢰와 존경을 받을 수 있는 바람직한 기업의 방향 제시를 위하여 기획되었다. 또한 미국 포춘지의 조사모델을 검토, 한국적인 상황을 가미한 조사방법론을 개발하였다.

'한국에서 가장 존경받는 기업'에 대한 조사는 기업이 존경받는 조건이 무엇이며, 어떠한 기업이 존경을 받는가에 대한 방향을 제시한다. 그럼으로써 소비자를 비롯한 여러 이해관계자들에게 기업활동의 올바른 이해와 관심을 이끌어 내고, 기업의 사회적 역할이 어느 때보다도 중요해진 21세기, 새로운 패러다임 하에서 기업 발전에 바람직한 방향을 제시하는 역할을 한다.

'한국에서 가장 존경받는 기업'에 대한 조사는 전체 기업 중 가장 존경받는 All Star 기업 및 산업별 조사를 통해 해당 산업군에서 가장 존경받는 기업을 선정하였다. 또한 한국에서 가장 존경받는 기업의 경우 지속적인 혁신능력과 주주가치, 종업원 가치, 고객가치, 사회가치를 총체적으로 평가하는 조사 항목을 개발하여 일반소비자 뿐만 아니라 산업계 임원진, 증권사 애널리스트까지 확대하여 통합적으로 조사를 진행, 존경받는 기업지수를 산출, 발표하였다. 이에 대한 결과는 특별히 이 책의 부록편에서 자세히 다루어지고 있다.

또한 3장으로 구성된 본문에서는 존경받는 기업의 개념 정의 및 세계에서 가장 존경받는 기업을 구체적으로 살펴보고 있다. 제1장에서는 특히 '유명한 기업'과 '존경받는 기업'의 차이점 및 세계에서 존경받는 기업의 기업 및 기업인에 대한 구체적인 사례로 GE, 월마트, 마이크로소프트 및 존슨 앤드 존슨을 살펴본다.

제2장에서는 존경받는 기업의 기틀이 되는 다섯 가지 핵심 요소를 자세히 분석, 제시해 주며 삼성전자, 유한양행, 포스코, 유한킴벌리

와 같은 국내 대표적인 기업들의 활동 상황을 파악한다.

  마지막 장에서는 경영, 마케팅, 생산 측면에서 바라본 글로벌 경쟁력 강화를 위한 경영 전략의 핵심 요소와 제조업 및 서비스업, 공공부문에서의 혁신을 위한 각 산업별 핵심 사항을 다루고 있다.

  이 책은 미래 기업들의 새로운 패러다임으로 떠오른 '존경받는 기업'에 대한 구체적이고 포괄적인 방향을 제시해 주는 최초의 지침서가 되어 줄 것이다. 또한 앞서 소개한 '한국에서 가장 존경받는 기업(The Korea's Most Admired Company)' 제도는 우리 경제가 현재 처해 있는 어려움에서 벗어나고 우리 기업들이 앞으로 부딪히게 될 글로벌 경쟁에서 이겨나가기 위한 이정표를 제시하게 될 것이다.

  '지속적인 성과를 내는 강한 기업'이 '고객에게 사랑받는 기업'과 결합될 때 '존경받는 기업'이 탄생된다는 사실을 다시 한번 강조하고자 한다. 아무쪼록 존경받는 기업으로 선정된 기업에게는 격려의 박수를 보내며, 이 책을 통해 일반 독자들도 경영의 새로운 패러다임으로 제시된 '존경받는 기업'에 대한 이해의 폭을 넓히길 바란다.

김 종 립

차 례

3장 총체적 혁신의 컨버전스, 존경받는 기업

부 록

모색과 주장

무엇이라 명확하게 정의할 수 없는 21세기

앞날을 예측하기란 사실 불가능에 가까운 일이다.

미래학자 혹은 문명비평가들이 행한 무수한 '업적'은 대개가 추상적이거나 두루뭉술하게 이야기함으로써 도망갈 구석을 미리 마련해 놓았다는 공통점이 있다. 좋게 표현한다면, 상대에게 생각할 수 있는 여지를 언제나 남겨 둔다는 것이지만 이는, 이렇게 해석해도 되고 저렇게 해석해도 된다는 식의 모호한 표현과 같다. 너무 구체적인 예언은 대부분 위험이 따를 수 있다. 따라서 절대로, 틀림없이, 확실히, 명백히, 목숨을 걸고 장담하는데 등의 말은 결코 삼가야 할 것 가운데 하나이다.

인류가 막 페이지를 넘긴, 20세기 끝자락에 미래학자 자크 아탈리는 『21세기 사전』이라는 예언서 한 권을 세상에 내놓았다. 아탈리는 현존하는 프랑스 최고의 석학이라는 칭송을 듣고 있다. 따라서 그의 '혜안'은 분명 남다른 데가 있을 것이라는 세상의 기대는 지극히 당연한 것이다.

아탈리는 말하였다. 19세기가 자유의 시대, 20세기가 평등의 시대였다고 각각 이름 붙일 수 있다면 21세기는 단연 박애의 시대가 되어야 한다고. 박애만이 시장과 민주주의가 하나로 화합하는 유토피아를 건설할 수 있을 것이라고 주장하였다. 그는 21세기가 '공동의 이익'이라는 가치가 중시되는 사회가 될 것이라고 전망하였다.

아탈리의 21세기에 관한 발언은 여기서 그치지 않는다. 그의 책 서문에는 다음과 같이 묘사되어 있다. "갈기갈기 터지고, 희희낙락하고, 야만적이고, 행복하고, 무분별하고, 기괴하고, 살아내기 어렵고, 해방적이고, 소름 끼치고, 종교적이고, 세속적이고…… 그것이 21세기일 것이다."

새로운 세기가 '박애의 시대'라고 못 박고 있는 그이지만 막상 대문을 열고 들어선 그 곳의 실상에 대해서는 구체적이지 못하였다. 이미 새로운 세기에 진입한 우리로서는 읽기에 다소 맥 빠지는 대목이다. 21세기는 말 그대로 서로 모순된 진술들이 뒤엉킨, 무엇이라 똑 부러지게 말할 수 없는 세기가 될 것이라는 설명이다.

'시대'는 이미 만들어지거나 예언되는 것이 아니라 동시대인의 무수한 창조 행위를 통해 차곡차곡 채워지는 것이다. 다만 그 길이 '박애'라는 유토피아를 향하고 있다는 사실을 분명히 인식하고서 말이다. 그러므로 여기서 다시 힘을 얻게 된다. 갈 길이 분명하기 때문이다. 그리고 예언은 어려운 일이라는 또 하나의 사실에서 미소 짓게 된다.

이에 반해 지나간 나날들을 되돌아보는 일은 상대적으로 부담감이 덜하다. 물론 역사를 단순 명쾌하게 요약하거나 제멋대로 재단하는 데는 상당한 용기가 뒤따라야 하는 것이긴 하지만 말이다.

현 시점에서 확인할 수 있는 것은 '과거'뿐이다. 무수한 과거의 연속 가운데 맨 끄트머리만이 '현재'라는 이름으로 우리 곁에 있는 것인지도 모른다.

한 가지 먼저 밝혀둘 게 있다. 그것은 우리의 작업이 거창하거나 심오한 것은 아니며 그저 지나간 것을 참고해 요리조리 짜맞추어 보고 궁리하는 것이라는 사실이다. 가장 구체적인 것이 가장 강하고 위력적인 것이다. 지금 할 수 있는 일은 바로 현재의 모습을 보다 선명하게 들여다보기 위한 다양한 노력이다.

얼마 전부터 이와 관련, 고심하고 있는 패러다임이 하나 있다.

급변하는 기업환경을 살피면서 동시에 한국 기업들의 진로에 대해서도 고심해 왔다. 하지만 고백하건대 현재 상태에서 머나먼 미래의 것에 대해서는 알지 못한다. 다만 이제까지의 발자취를 되돌아보고, 거기에서 지켜내야 할 것과 버려야 할 것을 가려내는 작업에 골몰하였다. 그래서 겨우, 앞으로 지켜내야 할 것에 대해 얼마간 언급할 수 있을 정도가 되었는데 바로 '존경받는 기업'이 그것이다.

우리가 생각하는 '존경받는 기업'

한국 기업들이 보다 나은 모습으로 진화하기 위해서는 다섯 가지 요건을 갖추어야 한다.

첫 번째 조건은 변화하는 기업 환경에 즉각적으로 대응할 수 있는 능력이다.

혁신능력은 곧바로 기업 경쟁력을 갖게 하는 추진력이 되기 때문이다. 이를 위해서는 혁신능력을 가진 경영자의 리더십과 경영능력이 필수적으로 전제되어야 한다.

둘째, 기업은 철저하게 이익구조를 지향하여야 한다.

현재의 경영 환경이 주주지배 경영 체제로 전환되었기에 주주의 가치를 기업의 최우선 목표로 삼는 것은 지극히 당연하다. 주주의 이익에 충실한 기업만이 살아남을 수 있기 때문이다.

셋째, 기업은 고객이 더 큰 효용과 가치를 체감할 수 있도록 부단히 노력하여야 한다.

기업이 창조한 제품과 서비스에 대해 기꺼이 대가를 치를 의향이 있는 고객만이 기업을 존재하게 만들기 때문에 기업의 모든 혁신 활동은 궁극적으로는 고객에게 맞추어져 있어야 한다.

넷째, 기업은 종업원을 투자 자원으로 바라보아야 한다.

급변하는 경영 환경에 유연하게 대처하기 위하여 적절한 경영전략을 수립하고 전략을 입안하고 실행할 인재, 다시 말해 기업의 종업원이 바로 기업의 핵심 요소로 떠올랐다. 인적자원을 투자 자원으로 철저히 인식하고 전략적 자원화를 이룰 수 있도록 집중적이며 총체적으로 투자하여야 함을 의미한다.

다섯째, 기업은 사회의 이익을 위해 행동하는 기업이 되어야 한다.

기업이 행하는 사회공헌을 봉사활동 혹은 마케팅 활동의 일부로만 한정하는 사고는 시대의 흐름을 제대로 읽지 못한 것이다. 봉사하는 기업만이 살아남는 시대가 도래한 지는 이미 오래이다.

물론, 한두 가지 특정 요건을 충족시킨다고 해서 한국 기업이 진화되는 것은 아니다.

그러므로 기업의 활동이 주주가치 실현과 고객가치 창출, 종업원 가치 향상 등과 항상 궤를 같이하고 있어야 하고, 더 나아가 기업의 목적은 사회가치 실현으로까지 지속적으로 연계되어야만 한다.

여기서 한 가지 의문사항이 생긴다. 과연 이 다섯 가지 조건으로 충분한가 하는 것이다. 이러한 주문 사항 또한 변화하는 환경에 맞추어 능동적으로 더하고 빼야 하는 것 아닌가. 그렇다면 시시각각 달라질 수도 있는 이러한 조건들을 아예 한데 묶을 수 있는 또렷한 개념은 없는가.

무엇을 잘 하기 위한 주문이야 더하고 더하다 보면 끝이 없다. 각계의 무수한 주문을 한데 아우르고, 더불어 한국 기업의 지향점을 명확히 제시해 줄 수 있는 패러다임을 또렷하게 개념화하기 위해 이 책을 묶었다.

한국 기업의 진로에 대한 새로운 패러다임, '존경받는 기업'은 이러한 과정에서 정립된 작은 성과이다. 이것은 이후에도 계속될 한국 기업들의 미래 과제인 동시에 이러한 고민을 더욱 심화·발전시켜 줄 지렛대이기도 함을 밝혀 둔다.

한국 기업의 새로운 도전

한국 기업들은 보다 진화된 기업 모델을 창출하기 위해 많은 노력을 아끼지 않고 있다.

지난 몇 년간 기업들은 구조조정과 효율적인 경영 활동으로 경쟁력 있는 기업으로 면모를 쇄신하고 있고 그 결과, 최근 많은 기업의 재무 건전성이 탁월하게 향상되었다. 이는 향후 '존경받는 기업'으로 나아가는 튼튼한 기반이 되어 줄 것이다.

하지만 세계에서 존경받는 유수의 선진기업과는 아직도 현실적으로 큰 격차가 있다. 따라서 해당 산업 부문에서 고객 · 주주 · 종업원 등 기업 안팎의 모든 이해관계자들에게 가장 존경받는 기업이 되겠다는 자세가 우선 전제되어야 한다. 이것이 첫 걸음이다.

이러한 걸음의 연장선에 한국, 아시아, 궁극적으로 세계에서 가장 존경받는 기업이 자리매김하고 있다. 아울러 이러할 때만이 우리 기업들이 진정한 글로벌 경쟁력을 가졌다고 할 수 있을 것이다.

이제 우리나라에도 기업이 존경받을 수 있는 새로운 방향이 구체적으로 제시되어야 한다. 즉 국민을 포함한 모든 이해관계자가 기업에 대한 올바른 이해와 관심을 가지고 우리 사회에서 가장 존경받는 기업의 조건과 내용이 무엇인지를 면밀히 검토하여야 할 때이다.

1장

새로운 패러다임
-존경받는 기업

변화하는 경영 환경에 대한 우리의 대답

급변하고 있는 한국 기업의 경영 환경

기업의 경영 환경이 급변하고 있다. 많은 기업들은 미래 예측이 어려워지자 가급적 투자를 삼가고 있고 '외환 위기'를 학습한 소비자들은 소비를 줄이고 있다. 나름대로 상황에 대처하고 있는 것이다. 투자와 소비가 줄면 당연히 경기는 하강한다. 기업의 지속적 성장은 새로운 투자로 새로운 성장 곡선을 만들어 내야만 가능하다. 투자를 줄이면 기존 성장 엔진이 약화되어 결국 기업은 소멸할 수밖에 없다.

하지만 우리의 결론은 이처럼 비관적이지 않다. 현재의 변화는 성장 곡선상의 이동이 아니라 패러다임 자체의 이동이고 그에 따른 경영 혁신이 요구되는 것일 뿐이다.

1970년대까지 한국의 기업 환경은 어찌 보면 단순하였다. 공급보다 수요가 많은 시장으로서 성장과 대량 생산이 중심 키워드였다. 반면 1980년대에 들어서면서 수요와 공급이 균형을 이루었고 여기서 품질과 생산성이 중요한 이슈로 등장하였다. 그리고 1990년대에 들어서면서 마침내 공급과잉 시대가 열렸다. 이때부터 기업들은 '고객', '경쟁', '변화' 등의 화두를 붙잡고 고심하기 시작하였다.

특히 1997년 말의 외환 위기와 그에 이은 IMF 구제 금융 시대를 거치면서 기업들은 자의반 타의반으로 강도 높은 구조조정을 실시하게 되었고, 그 과정에서 이익경영의 중요성을 새삼 인식하게 되었다.

또한 한국 기업들의 경영 환경은 일대 전환기를 맞게 된다. 그간 오너 경영-경영자 경영-주주 경영이라는 세 가지 경영 패턴이 한순간 혼란에 휩싸이게 되었는데 이는 동시에 새로운 패턴 정립의 시작이기도 하였다.

일례로 세계 자본거래는 6백조 달러 규모에 이르며, 이는 실물거래의 1백 배로 추정된다고 한다. 불과 얼마 전까지는 상상도 하지 못하던 천문학적인 숫자의 화폐 과잉 수준은 수많은 '예측'을 전면 수정하게 하였고, 아울러 경영 환경 역시 새롭게 뒤바꾸어 놓았다.

즉, 지금은 '주주 경영 시대'이고 '현금 흐름 중심의 경영'을 지향한다는 사실이다.

이제 세계화는 화두가 아니라 엄연한 현실이다. 이 거대한 흐름 속에서 한국 기업들의 경쟁 상대는 초일류 다국적 기업들이다. 기업을 둘러싼 환경 변화도 단속적으로 일어나 예측이 어렵게 되었다. 항상

중심개념	오너 지배 경영	경영자 지배 경영	주주 지배 경영
시장	공급 부족	공급 과잉	화폐 과잉
회사 형태	개인기업 주류	주식회사 주류	상장회사 주류
경쟁 우위	이익(Profit)	고객만족(CS)	기업가치(EVA)
관리 목표	매출	이익	고객만족
경영 테마	관리	경영	전략
경영 환경	안정 경영	경쟁 대응	위기 대응
생산 방식	주문 생산 소품종 소량	시장 생산 소품종 대량	유연 생산 다품종 소량
사회 배경	산업 혁명	유통 혁명	정보 혁명

위기 상황에 대처할 수 있는 비상경영 체제를 갖추는 방법밖에 없다. 오히려 이러한 비상 체제를 상시 체제로 인식하고 대처해 나가는 것이 훨씬 현명하다. 최근 상생(相生)과 지속가능이라는 새로운 이슈가 등장하게 된 것도 이 때문이다.

한국 기업이 가야 할 길

기업이 최근과 같이 광속으로 변화하는 경영 환경에 대응하여 살아남고 지속적으로 성장하기 위해서는 반드시 외면과 내면을 모두 바꾸고, 기존과는 전혀 다른 새로운 경영 전략을 수립하여야만 한다.

지금까지 우수 기업으로서 가지고 있던 강점이 시간이 지남에 따라 오히려 단점으로 작용, 기업을 압박할 수도 있다. 이제 영속적인 것은 없다. 이러한 경영 환경 변화에 대한 기업의 변화 · 준비 · 적응 능력이 기업의 생존 · 성장과 직결될 뿐이다.

급변하는 경영환경 속에서 한국 기업이 앞으로 나아가야 할 길은 무엇인가? 이에 대한 대답은 5가지로 정리할 수 있다.

첫째는 이익, 성과를 중시하는 경영이다.

우리는 이미 외환 위기를 거치면서 무조건 크고 강한 기업이 좋은 것만은 아니라는 교훈을 얻었다. 기업은 지속적인 가치 실현을 통해 적정한 이익을 유지하여야만 시장에서 신뢰를 얻을 수 있다.

둘째, 사회공헌, 윤리, 투명성 등이 강조되어야 한다.

기업의 사회공헌에 대한 요구는 앞으로 더욱 증대될 것이며 기업에게 요구하는 윤리기준 역시 한층 더 높아질 것이다. 이러한 변화는 한국 기업이 '세계 표준'에 진입하기 위한 필수적인 요건이다.

셋째, 새로운 성장 엔진의 창출이다.

새로운 성장 엔진을 마련하지 못하면 성장성에 한계가 온다. 결국 기업 내부의 조직 축소와 침체된 분위기로 인하여 구성원들이 자신감을 상실하게 되고, 현재 많은 이익을 창출하고 있다고 할지라도 미래를 기대하기 힘들게 된다.

넷째, 새로운 기업 문화 조성과 함께 인재 개발의 중요성이 더욱 부각된다.

새로운 세기에 알맞은 새로운 기업 문화와 인재상이 요구된다. 한국 기업 특유의 기업 문화를 형성해 나가야 하며 여기에 서구의 합리적인 기업 문화를 적극 수용하여야 한다. 이 두 문화의 융합이 기대 이상의 결과를 불러올 수도 있기 때문이다.

끝으로 제품 기획부터 판매 · 서비스까지 전사적(全社的)인 관점에서 혁신을 추진하여야 한다.

지속 가능한 기업이 되기 위해서는 기능별 · 개별적인 움직임이 아닌 기업 경영 활동 전반에 걸쳐 중단 없는 경영 혁신이 이루어져야 할 것이다.

새로운 패러다임을 찾아서

받아들이거나 부정하거나

한국 사회에서 순위를 매기는 일은 이제 그 행위 자체만으로도 어느 정도 위험을 감수하여야만 한다.

가령 1970년대 이후 30여 년에 걸친 고속 성장 위주의 시대에는 양적인 성장이 기업의 살 길이라 생각하여, '덩치 큰 기업'이 곧 한국 기업 공통의 지향점이었다. 그러므로 이 '덩치'를 기준으로 자연스럽게 순위를 매겼고, 사회 일반에서는 이러한 행위에 순응하였다.

그러나 1990년대에 들어서면서 이러한 성장 위주의 기업 전략은 어려움에 봉착하였다. IMF 구제 금융 시대라는 외환 위기가 닥치면서 양적인 성장 위주의 기업 전략은 한계를 여실히 드러내고 만 것이다. '대마불사'라며 큰소리치던 대기업들이 연이어 문을 닫았고, 크고 작은 기업들이 연쇄적으로 도산하는 참혹한 상황에 직면하였다. 다른 나라에서 1백 년 혹은 그 이상의 시간을 들여 이룩한 것을 겨우 30여 년 만에 해치운 한국 사회, 마침내 그 밑바닥을 드러낸 것이라며 여기저기에서 방성대곡이 터져 나왔다.

과연 한국 기업의 지향점은 어디란 말인가. 많은 기업들이 기업을 운영하는 데 방향을 제시하여 줄 새로운 이정표에 목말라하기 시작하였다. 특히 기업의 활동 무대가 한 국가의 테두리에서 벗어나 전 세계로 확장되는, 하나의 거대한 흐름이 자리매김하면서 한국 기업들의 초조감은 극에 달하였다.

돌파구가 필요하다. 이제 '도토리 키 재기' 식의 순위 매김, 더군다나 우물 안에서 몇몇만의 키 재기는 의미를 잃었다. 1999년 한국 영화 가운데 〈세기말〉이란 작품이 있다. 이 영화에 등장하는 장면 하나. 시나리오 작가가 영화 비평을 한다는 이에게 질타를 퍼붓는다. "너는 집사람 가슴을 보고도 별표를 매기느냐?" 옳은 말이다. 사랑하는 사람 사이에 필요한 것은 단순한 '별표'가 아니다. 보다 근원적인 그 무엇이다.

그 때문일까. 외국 선진 기업들의 경영 시스템과 운영 방식에 눈을 돌리고, 이것이 한국 기업들과 어떠한 차이점을 갖는가에 대하여 고심하는 움직임이 부쩍 늘었다.

외국 선진 기업들의 경영 방식에서 배울 점을 찾는 것은 매우 바람직한 행위이지만 무작정 따라 하기는 의미가 없다. 한국 기업에 절실히 요구되는 것은 인식의 전환이지 모방이 아니기 때문이다.

그간 한국 기업의 경영 시스템과 운영 방식에 몰두하여 온 우리는 마침내 '별표'를 버리기로 하였다. 아울러 그간 '체급'과 관련한 무수한 데이터 역시 과감히 지워 버리는 대신 새로운 잣대를 세우기로 하였다. 보다 근원적인 그 무엇! 공기와도 같이 우리와 호흡하기에 쉽게 잊어버리곤 하였던 그 무엇! 그러나 그것이 없어져 버린다면 우리 역시도 없어지고야 말 그 무엇!

여기서 내세우는 새로운 잣대는 바로 '존경'이다.

존경받는 기업의 개념

헬름홀츠의 표현을 흉내내 보면, 좋은 이론은 가장 실제적인 것이며 좋은 이론의 바탕은 또렷한 개념이다. 그러므로 보다 보편적인 것에 착안하였다. 그 과정에서 찾아낸 것이 '존경'이란 개념이다.

사람이라면 누구나 남에게 존경 혹은 인정받기를 원한다. 존경 혹은 인정을 받는다는 것은 기분 좋은 일이다. 아울러 다음 행위에 동기를 부여하기도 한다. 사람살이란 어쩌면 그리 복잡한 것이 아닐 수도 있다. 영리를 목적으로 하는 기업 역시 마찬가지이다.

기업은 상품 혹은 서비스를 통해 고객에게 인정을 받아야 한다. 그래야만 돈을 벌 수 있고, 기업의 성장을 기대할 수 있다. 이렇듯 누구나 다 알고 있고, 누구나 수긍할 수 있는 개념을 바탕으로 나온 결론이 바로 '존경받는 기업'이란 패러다임이다.

먼저 기업은 상품과 서비스를 구매할 가능성이 있는 모든 고객에게 인정을 받아야 한다. 동시에 그러한 상품과 서비스를 만들어 내는 기업 내의 모든 구성원들에게는 물론, 협력업체와 기업의 주주들에게 인정받는 것도 매우 중요하다. 아울러 사회의 모든 구성원들에게도 인정을 받아야 한다.

그러므로 '존경받는 기업'이란 기업의 모든 이해관계자들이 존경하는 기업이다. 다시 말해 존경받는 기업은 끊임없는 혁신을 통해 우수한 경쟁력을 갖추어야 하고, 또한 이를 바탕으로 탁월한 경영성과를 내고 동시에 사회 친화적인 활동을 지속적으로 전개하여야 한다.

하지만 예를 들어 "그런 이상적인 기업이 과연 나올 수 있는가?", "어느 수준에 다다라야 '존경'이란 칭호를 붙여줄 것인가?" 등, 이러한 주장에 대한 반론은 다양할 것이다.

존경받는 기업이란 한국 기업이 지향하여야 할 기업의 상(像)을 하나의 개념으로 정리한 것에 불과하다. 그러므로 이 개념은 완벽하게 정식화되거나 영구불변의 것이 아니다.

다수가 공감할 수 있는 하나의 모델을 제시하여, 지향하는 바가 같은 기업에게는 따뜻한 응원의 메시지로 자리잡고 그렇지 않은 기업에게는 재고할 수 있는 기회가 되는 것으로 충분하다. 기업의 21세기 새로운 패러다임인 상생과 지속가능, 그것을 위한 우리의 결론이 '존경'이기 때문이다.

'존경'의 수준을 어떻게 가늠하느냐 하는 것은 그간 지속적으로 한국 기업의 경영 시스템과 운영 방식을 검토해 온 우리 경제가 내놓아야 하는 '시험 답안지'와도 같은 문제이다.

앞으로 존경받는 기업의 조건을 다섯 가지로 나누어 제시하고자 한다. 아울러 그 각각의 조건에 어느 정도 부합되는지의 여부는 기업 관계자 및 증권사 애널리스트, 소비자 등 여러 부문의 의견에 근거하여 나름의 지표를 만들었다.

이 작업의 목표는 몇몇 기업의 이름이 기재된 명단에 있지 않다. 존경받는 기업이 되기 위해서 기업은 어떠한 노력을 기울여야 하는가에 관심이 집중되길 기대한다. 거창하게 말하자면, 기업의 여러 이해 당사자뿐 아니라 국민 모두에게 기업 활동의 올바른 이해와 관심을 제고하기 위한 실천 활동이 되길 바란다.

존경받는 기업이 되기 위한 메커니즘

존경받는 기업이 되기 위해서는 어떠한 요건을 갖추어야 하는가. 첫 번째 조건은 변화하는 기업 환경에 즉각적으로 대응할 수 있는 능력이 담보되어야 한다는 점이다.

혁신능력은 곧바로 기업 경쟁력을 갖게 하는 추진력이 되기 때문에 혁신능력을 가진 경영자의 리더십과 경영능력이 필수적으로 전제되어야 한다.

기업 경쟁력은 이러한 혁신능력 외에도 기업의 모든 활동이 고객가치 창출, 주주가치 실현, 종업원가치 향상 등과 항상 궤를 같이하고 있어야 한다. 더 나아가 기업의 목적이 사회가치 실현으로까지 지속적으로 촘촘히 연계되어 있어야 한다.

이러한 조건을 모두 갖추어야만 모든 사람들로부터 존경받는 기업으로 거듭날 수 있다.

존경받는 기업의 개념

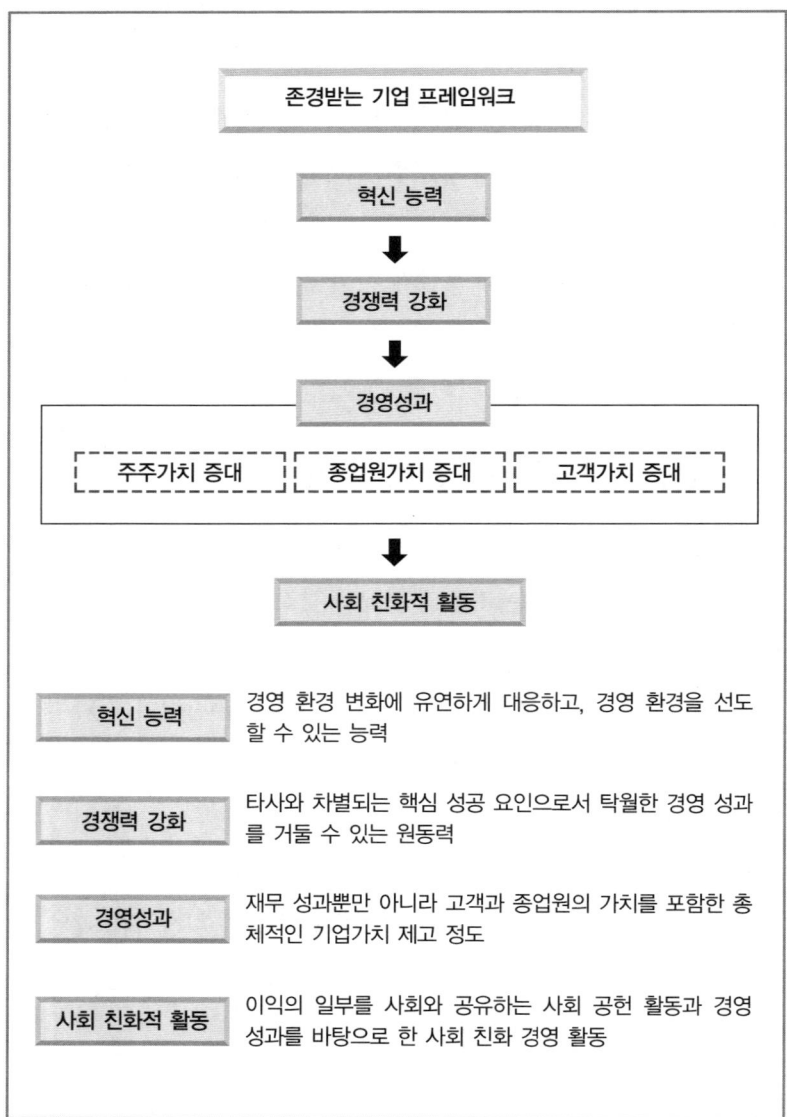

존경받는 기업 프레임워크

혁신 능력

↓

경쟁력 강화

↓

경영성과

| 주주가치 증대 | 종업원가치 증대 | 고객가치 증대 |

↓

사회 친화적 활동

혁신 능력	경영 환경 변화에 유연하게 대응하고, 경영 환경을 선도할 수 있는 능력
경쟁력 강화	타사와 차별되는 핵심 성공 요인으로서 탁월한 경영 성과를 거둘 수 있는 원동력
경영성과	재무 성과뿐만 아니라 고객과 종업원의 가치를 포함한 총체적인 기업가치 제고 정도
사회 친화적 활동	이익의 일부를 사회와 공유하는 사회 공헌 활동과 경영 성과를 바탕으로 한 사회 친화 경영 활동

존경받는 기업의 조건 1 | 혁신능력 극대화

존경받는 기업이 되기 위해서는 우선 기업 스스로 변화에 능동적인 조직, 즉 외부 환경 변화에 능동적으로 대처할 수 있는 조직·프로세스·마인드가 형성되어야 한다. 또한 경영진의 강력한 리더십이 요구된다. 이는 조직의 유연성 및 변화 대응능력 등에 크나큰 영향을 끼치기 때문이다. 혁신능력을 극대화하여 총체적인 경쟁력을 확보하는 것이 존경받는 기업이 되기 위한 일차적인 조건이다.

이를 위해서는 반드시 '종업원의 참여'가 전제되어야 한다. 이는 위에서부터의 일방적인 변화 요구가 낳을 수 있는 부작용을 상당 부분 방지하는 역할을 한다. 모든 기업 구성원들의 참여 속에 이루어지는 변화만이 소기의 목적에 부합할 수 있고, 향후 독특한 기업 문화로 정착되어 '또 하나의 기업 경쟁력'이 될 것이다.

기업이 혁신하기 위해서는 모든 구성원들이 참여하여 '개선안'을 만들고 이를 반드시 실행에 옮겨야 한다. 여러 안건들을 신속히 실행에 옮기기 위해서는 '신속한 의사결정'이 함께 요구된다.

다시 말해 혁신능력을 확보하기 위해서는 결국 모든 기업 구성원들의 연계가 필수적이다. 최고경영자는 강력한 리더십 못지않게 다수 경영진의 혁신의지를 지지·지원할 수 있는 후원자 역할을 충실히 소화해 내야 한다. 실행을 적극 장려함으로써 종업원의 역량을 배양하고 이를 기업 문화로 정착되도록 유도하여야 한다. 하드웨어적 측면과 소프트웨어적 측면, 역량 배양의 이 두 가지가 동시에 극대화될 수 있도록 기업이 조직되어야 할 것이다.

존경받는 기업의 조건 2	주주가치 창출

두 번째 조건은 주주가치를 지속적으로 향상시키는 일이다.

아무리 훌륭한 기업이라고 하더라도 목표한 매출이나 수익 도달에 번번이 실패한다면 존경받는 기업의 반열에 오를 수 없다. 매출이나 수익은 기본적으로 주주가치 실현·종업원가치 향상·고객가치 창출·사회가치 실현 등의 근간이 되기 때문이다.

2004년 한국능률협회가 선정한 '존경받는 기업'들의 최근 3년간 주가상승률은 88%로 종합주가지수 평균 상승률(31%)의 약 세 배에 달하였다. 또 매출액 대비 영업이익률(11.7%)은 매출액 상위 1000대 기업 평균 이익률(6.8%)의 약 두 배, 자기자본비율(54.6%)도 1000대 기업 평균(35.4%)보다 훨씬 높아 건실한 재무 구조를 갖춘 것으로 나타났다.

즉 존경받는 기업이 되기 위해서는 우선 재무건전성이나 자산활용도를 높여 주주의 가치를 창출하고 현재뿐 아니라 미래의 가치도 함께 고려하여야 하며, 지속적인 투자도 뒤따라야 한다. 경쟁력이란 용어에는 현재의 경쟁력뿐 아니라 미래의 경쟁력이라는 의미까지 당연히 포함되어 있기 때문이다.

존경받는 기업의 조건 3	고객가치 창출

세 번째 조건은 고객가치 창출에 적극적이어야 한다는 것이다.

기업이 지속적으로 시장 성과를 얻기 위해서는 무엇보다 고객을 가장 중요하게 여겨야 한다. 이를 위해 기업은 고객에게 제공되는 제품 및 서비스의 수준을 높이기 위한 연구개발 활동에 사활을 걸고 고객만족을 위한 혁신 활동도 지속적으로 전개하여야 한다.

고객의 가치를 향상시키기 위해서는 상품 · 서비스 · 이미지의 3가지 요소가 균형을 이루도록 하여야 한다. 과거에는 상품의 질이 가장 중요한 요소였으나 현재는 상품 가치의 차별성이 차츰 줄어들고 서비스 및 이미지의 차별화에 상당 부분 힘이 쏠리고 있다.

이러한 제반 활동은 고객들에게 차별적인 가치를 느끼게 하고 시장에서 좋은 이미지를 형성하는 기반이 될 것이다. 나아가 현재의 고객뿐 아니라 미래의 잠재고객과도 우호적인 관계를 맺는 통로 구실을 하게 된다.

여기서 절대 빠뜨려서는 안 될 사항은 고객이 인지하는 가치와 기업이 제공하는 가치의 연관성에 대한 검토이다.

기업이 고객만족을 위해 다양한 활동을 전개하고 있는 반면 고객들은 이를 인지하지 못하는 경우가 많으므로 기업이 제공하는 가치 및 프로세스가 정말로 고객 지향적인 것인지, 고객만족을 위해 평가하고 있는 요소가 정말 합당한 것인지에 대하여 매 시기 철저한 점검을 하여야 한다.

| 존경받는 기업의 조건 4 | 종업원가치 창출 |

네 번째 조건은 인재관리의 중요성을 명확히 인지하여야 한다는 것이다.

기업의 종업원들은 제품 및 서비스를 창출하는 뿌리이고 그들의 능력과 조직의 활력은 기업 경영의 중요한 요소이다. 존경받는 직원이 곧 기업가치의 원천이다.

　기업은 종업원들이 높은 생산성을 발휘할 수 있도록 지속적으로 투자를 하여야 한다. 기업이 직원의 능력을 향상시키기 위하여 기술 및 업무관련 교육을 실시하고 작업 환경의 개선, 복리후생 향상 등을 위해 노력하면, 이를 통해 종업원들은 기업 내에서 인정받고 있다고 스스로 느끼게 되고 그만큼 기업에 대한 충성심도 높아지게 된다. 결국 이러한 종업원 만족이 향후 우수한 인재를 확보할 수 있는 텃밭이 되어 줄 것이다.

　많은 기업들의 불만 가운데 하나가 사내 커뮤니케이션의 부재 현상이다. 몇몇 기업들은 사내 커뮤니케이션을 활성화하기 위해 '호프데이' 등과 같은 비공식 모임을 지원하기도 하지만 이러한 일시적인 행사로 사내 커뮤니케이션이 원활해진다거나 부서간 갈등, 상하간 갈등 등이 모두 사라지는 것은 아니다.

　원활한 커뮤니케이션을 위해서는 업무를 중심으로 문제를 해결할 수 있는 제도나 조직이 마련되어야 한다. 어떤 문제를 해결하여야 하거나 새로운 아이디어가 필요할 때 직위의 상하나 역할 분담을 막론하고 전 직원이 한자리에 모여 해결점을 모색하는 제너럴 일렉트릭(GE)의 워크아웃 타운미팅을 예로 들 수 있다.

　이와 같은 프로그램은 업무를 중심으로 종업원이 참여하여 제도 개선을 유도하고 커뮤니케이션을 활성화함으로써 기업에 대한 충성도도 높일 수 있는 것으로 나타났다. 여기에 적정한 보상까지 연계된다면 종업원의 가치는 더욱 극대화될 것이다.

| 존경받는 기업의 조건 5 | 사회가치 창출 |

　존경받는 기업을 판별하는 가장 중요한 기준인 동시에 지속가능한 성장 전략의 핵심은 기업 또한 경제·사회·환경정의에 발을 맞추어야 한다는 것이다.

　글로벌 경쟁력을 갖추기 위해서 내부적으로는 일하고 싶은 회사이자 외부적으로는 사회에 기여하는 기업의 이미지를 가져야 한다. 이제 윤리경영·투명경영 등의 용어나 사회공헌·환경지속성 기여 등의 캐치프레이즈는 더 이상 낯선 것이 아니다.

　이를 위해 기업들은 기본적으로 제품을 개발, 생산, 유통하는 전 과정에서 지역사회에 피해를 주지 않고 적절한 이익을 확보하는 데 주력해야 하며, 이러한 이익을 지역사회 발전에 환원함으로써 기업 이미지를 향상시키는 범위로까지 확대하는 데 기업 전략의 초점을 맞추어야 한다. 지역사회 주민들은 기업의 사회 친화적 활동을 통해 함께 성장 발전할 수 있는 기업으로 인식하게 될 것이다.

　수많은 기업들이 사회가치 창출을 위하여 무수한 활동들을 하고 있다. 대표적인 기업으로는 단연 유한킴벌리가 손꼽힌다. '우리 강산 푸르게 푸르게(Keep Korea Green)'라는 한 줄의 문구를 들으면, 모든 사람의 머릿속에 유한킴벌리가 떠오를 정도이다.

　사회가치 창출을 위한 노력이 기업 이미지와 연결되면 경영 측면에서는 무형의 자산에 투자하게 되는 것이다. 따라서 기업들은 저마다 하나의 메시지(One company, One message)가 필요하다. 이는 재삼 강조되어야 할 사항이다.

세계에서 가장 존경받는 기업

'유명한 기업' 과 '존경받는 기업' 의 차이

경영학자 피터 드러커는 "21세기에는 자원봉사활동이 가장 중요한 인류 활동 가운데 하나가 될 것"이라고 지적하였다. 오늘날 세계가 주목하고 있는 주요 기업들의 행보가 이를 뒷받침하여 준다.

GE가 이러한 대표적인 사례 기업이다. GE가 운영하는 엘펀 (Elfun)은 1928년에 설립된 세계 최대의 자원봉사 조직이며, 2003년 말 현재 46개 국가에 1백45개 지부와 5만3천여 명의 회원을 보유하고 있다. 주요 직위에 오르려면 자원봉사 경력을 가져야 한다는 GE의 불문율 때문이기도 하지만, 1980년대 이래 엘펀은 GE의 주요 임직원들에게 필수 코스가 되었고 더 나아가 퇴직자와 그들의 가족까지 자원봉사활동에 참여하고 있다.

이러한 사실로 이들에게 자원봉사활동은 단순히 이력서 몇 줄을 더 채우기 위한 것이 아님을 알 수 있다.

마이크로소프트의 예가 하나 더 있다. 빌 게이츠 회장은 매년 상당 액의 기부금을 출연하고 있다. 그 액수는 매년 2억5천만 달러 이상으로 전해진다. 또 2백50억 달러의 기금을 따로 조성해 재단을 세우기도 하였다. 세계 최대 규모의 빈곤 국가 질병 퇴치 재단인 '빌과 멜린다 게이츠 재단'이 그것이다.

"사회에서 성공을 하고 부를 쌓은 사람들은 어떻게 사회에 부를 환원하고 불평등을 개선할 것인지 깊이 생각하여야 한다"는 빌 게이츠 회장의 평소 발언을 상기해 본다면 그리 놀랄 일은 아니다. 그를 말과 행동이 일치하는 부자 정도로 생각할 수도 있다. 하지만 여기서 주목하는 대목은 '부자 일개인의 선행'이 아닌 '기업 활동'이다.

마이크로소프트는 직원들의 사회 공헌을 독려하기 위해 직원들이 돈을 기부하면 같은 금액만큼 회사에서 지원하는 '기빙 매치(Giving Match) 프로그램'을 실시하고 있다. 마이크로소프트사를 위시해 세계가 주목하는 기업들은 저마다 독특한 형태로 '부의 사회 환원'을 실행하고 있다. 최고경영자가 솔선수범하여 이를 기업 문화로 정착시켰고, 이는 다시 기업의 경쟁력이 되었다.

2004년 11월 16일 월스트리트 저널은 의미 있는 통계 자료를 하나 발표하였다. 이는 바로 유명한 기업과 존경받는 기업은 전혀 별개의 개념이라는 것이었다.

월스트리트 저널에 따르면, 여론 조사기관인 해리스 인터랙티브와 명성연구소(RI)가 미국과 유럽 등 주요 국가 소비자들을 대상으로 기업의 명성과 소비자들의 존경에 대한 상관 관계를 조사한 결과, 맥도널드와 마이크로소프트가 '세계에서 가장 눈에 띄는 기업 브랜드'로 선정되었다. 하지만 이 같은 높은 인지도가 기업에 대한 존경으로 이어지지는 않았다고 밝혔다.

맥도널드의 경우 많은 사람들이 건강에 이롭지 못한 음식 판매, 낮은 임금에 따른 직원들의 불친절 등을 들어 오히려 비판적이었다.

반면 마이크로소프트에 대해서는 제품의 사소한 결함, 시장 독점에도 불구하고 소비자들은 대체로 회계 실적과 비전, 리더십, 사회 공헌 등을 높이 평가하였다. 과연 맥도널드와 마이크로소프트를 가르는 기준은 무엇이었을까. 이것이 우리의 관심사이다.

세계적인 화두, '존경받는 기업'

다시 한 번 강조하지만, 존경받는 기업이란 기업을 둘러싸고 있는 모든 이해관계자인 주주 · 직원 · 고객 · 지역사회 모두로부터 인정받을 때에만 성립이 가능한 패러다임이다. 끊임없는 혁신을 통해 우수한 경쟁력을 확보하고, 이를 바탕으로 탁월한 경영 성과를 창출하는 기업, 더불어 지속적으로 사회 친화적인 활동을 전개하여 모든 이해관계자들을 만족시키는 기업이어야만 가능하다.

고객은 해당 기업의 제품과 서비스를 언제나 신뢰할 수 있고, 해당 기업 종사자들은 그 곳에 근무하고 있다는 사실 하나만으로도 자긍심을 느낄 수 있는 정도여야 한다. 관련 업종 종사자들에게는 그 기업에서 반드시 근무해 보고 싶다는 욕구를 불러일으킬 수 있고, 투자자들에게는 보다 많은 투자를 하고 싶은 기업으로 자리매김해야 할 것이다. 또한 지역사회로부터는 고마움을 느낄 수 있는 필요한 존재가 되어야만 존경받는 기업이란 칭호가 기업 경영의 최고 영예로 다가갈 수 있는 것이다.

존경받는 기업이란 한마디로 자부심이다. 기업의 존재 근거를 가장 구체적으로 뒷받침하여 주는 개념인 동시에 기업의 구체적인 미래상이다. 그러므로 존경받는 기업은 최고경영진뿐 아니라 해당 기업 종사자들에게도 도전할 만한 충분한 가치가 있다.

외국의 저명한 경제 전문지 등은 매년 '세계에서 가장 존경받는 기업'을 조사하여 결과를 발표하고 있다. 각 매체가 '존경'이란 칭호를 붙이는 기준은 조금씩 다르지만 기업이 지향하여야 할 미래상에 관해서는 입장의 차이가 없다. 결국 존경받는 기업이란 글로벌 기업 공통의 목표임을 확인할 수 있다.

기업에 또 다른 의미를 부여한 존경받는 기업이라는 새로운 지표는 성장 위주의 전략에 한계를 느낀 기업 경영에 새로운 화두를 던졌고, 세계 각국의 유수한 기관들이 존경받는 기업 목록을 제시하며 기업의 분발을 독려하고 있다. 미국의 포춘, 영국의 파이낸셜 타임스, 일본의 다이아몬드, 홍콩의 아시안 비즈니스 등이 그 대표적인 기관이다.

존경받는 기업, 외국에서는 어떻게 조사하고 있나

명 칭	세계에서 가장 존경받는 기업	유럽에서 가장 존경받는 기업	아시아에서 가장 존경받는 기업	중국에서 가장 존경받는 기업
선정 기관	포춘 (미국)	파이낸셜 타임스 (영국)	아시안 비즈니스 (홍콩)	경제관찰보 (중국)
시작 연도	1982년	1994년	1992년	2002년
대상 기업	세계 기업	유럽 기업 중심	아시아 기업	중국 기업
발표 내용	– 세계에서 존경받는 50대 기업 – 각 국가에서 존경받는 기업 – 산업(29개)별 존경받는 기업	– 세계에서 존경받는 50대 기업 – 유럽에서 존경받는 기업 – 산업별 존경받는 기업	아시아에서 존경받는 기업	중국에서 존경받는 20대 기업

자료 : 한국능률협회 · 삼성경제연구소

이 가운데 존경받는 기업에 대한 조사를 세계에서 가장 먼저 시작한 곳은 미국의 유수 경제지인 포춘(fortune)이다. 이 경제지는 1982년부터 매년 '세계에서 가장 존경받는 기업'이란 이름으로 기업을 평가하고 있다. 조사 대상은 전 세계의 기업이다. 포춘은 이를 통해 '세계에서 가장 존경받는 50대 기업'과 '미국에서 가장 존경받는 기업' 등을 발표하고 있으며, 또 30여 개로 산업군을 구분하여 존경받는 기업 등을 가려내고 있다.

세계적 경제 신문인 영국 파이낸셜 타임스도 '세계에서 가장 존경받는 기업·기업인'을 선정하고 있다. 그러나 처음부터 세계 기업을 대상으로 조사를 진행한 것은 아니다. 1994년의 조사 명칭은 '유럽에서 가장 존경받는 기업'이었다. 이후 매년 조사가 실시되면서 대상

범위를 확대한 것이다.

아시아에서는 홍콩의 경제지인 아시안 비즈니스가 1992년부터 아시아 기업을 대상으로 조사하고 있으며, 중국의 경제관찰보는 2002년부터 '중국에서 가장 존경받는 20대 기업'을 뽑고 있다.

포춘의 '세계에서 가장 존경받는 기업'

존경받는 기업은 어떤 기준으로 측정하고, 어떻게 선정하는 것인가. 포춘지가 1982년 이후 지속적으로 기업을 평가해 온 기준은 대체로 아홉 가지 항목이다.

평가 항목은 재무 건전성, 장기적인 투자가치, 자산운영, 경영능력, 혁신성, 직원의 역량, 글로벌 역량, 제품 및 서비스 수준, 사회적 책임 등이다. 다시 말해 경영능력, 주주가치, 직원가치, 고객가치, 사회공헌 등으로 구분된다.

측정 방법은 해당 산업군에서 해당 기업을 제외한 다른 기업들을 평가하는 피어(Peer) 방식을 채택하고 있다. 측정 참가자는 대개 산업계 임원진, 증권 분석가들이다. 경영능력과 직원가치는 해당 산업 관련 근무자가, 주주(재무)가치는 증권 분석가가 가장 잘 평가할 수 있다고 판단하기 때문이다. 하지만 제품 및 서비스 수준과 사회공헌 측면을 잘 평가할 수 있는 소비자들의 참여는 없다는 점이 아쉬운 점이긴 하다.

포춘지(誌)의 세계에서 가장 존경받는 기업

개시 연도	1982년
조사 시기	매년 3월
주요 조사 내용	o 혁신력 o 종업원능력(인재의 채용 · 개발 · 유지 능력) o 자산의 유효활용도 o 사회적 책임 o 경영 능력(해외경영능력) o 재무 건전성 o 장기적 투자가치
조사 방법	1000대 기업에 대해 1만여 명의 임원, 증권 분석가들에게 설문 조사하여 산업별 전체 순위를 발표 (미국 기업 587개 사, 세계 각국 기업 345개 사)

　포춘이 순위를 두어 발표하는 유형은 크게 세 가지이다. 세계에서 가장 존경받는 기업 중 최상위 50대 기업인 '글로벌 올스타 기업'을 선정하는 것 외에 '각 산업군별 리스트'와 '미국에서 가장 존경받는 기업'도 함께 발표한다.

　포춘이 2005년 2월 23일 발표한 '2005년 세계에서 가장 존경받는 기업(World's Most Admired Companies-All Stars)'에 따르면 세계에서 가장 존경받는 기업 1위는 미국의 GE가 차지하였다. 또 월마트, 델, 마이크로소프트, 도요타 자동차 등이 그 뒤를 이어 5위까지의 최상위권 그룹을 형성하였다.

　포춘은 기업의 혁신성, 재무 건전성, 투자 가치, 사회적 책임 이행, 경영 수준 등의 항목을 중심으로 전 세계 우수 기업의 CEO와 임원, 애널리스트의 설문 조사 결과를 토대로 순위를 매겼다. 특히 2005년도에는 미국의 컨설팅 업체인 헤이그룹이 세계 3백45개 기업의 사장과 이사, 매니저 등 1만여 명을 대상으로 설문 조사를 실시해 선정하였다.

2005년도 조사 결과에서 가장 눈에 띄는 것은 한국 기업이 최초로 50위권 내에 진입하였다는 사실이다. 삼성전자는 2005년 처음 39위를 차지, 단번에 '글로벌 올스타 기업'의 반열에 올랐다. 포춘은 삼성전자를 세계 최대의 메모리 업체이자 세계 3위의 휴대전화 업체로서 가장 이익을 많이 내는 전자기업이라고 소개하였다.

물론 엄밀히 말해, 삼성전자가 포춘의 '리스트'에 이름이 오른 것은 이번이 처음은 아니다. 산업군별 순위 가운데 전자업계 부문에서 이미 2004년에 14위를 차지한 바 있다. 물론 2005년에는 그 순위가 무려 9단계나 뛰어올라 5위에 랭크되었다. 한편 현대자동차와 LG전자도 각 업종별 순위에서 12위와 14위를 차지하였다.

포춘의 2005년 조사 결과 글로벌 올스타 기업(순위 같은 기업 포함 총 52개 사)의 면면을 살펴보면, 전자·컴퓨터·통신 서비스·금융·생활용품·각종 전문용품 업체 등이 각각 4개 기업씩 순위에 포진하였다. 또한 자동차·중장비·음료·제약 관련 업체가 각각 3개씩, 항공·택배·잡화용품·식품·보험 관련은 각각 2개 업체가 리스트에 올랐다. 그 밖에 반도체·엔터테인먼트·유통 등에서 각각 1개 기업이 순위권에 포함되었다.

IT 관련 업종이 대체적으로 강세이나 생활용품, 식·음료, 유통, 택배 등 다양한 업종이 글로벌 올스타 기업의 명단에 올라 있다는 사실을 눈여겨봐야 한다. 이는 기업의 경쟁력이 업종에 크게 구애받지 않고 나름의 경영 전략에 따라 크게 달라질 수 있음을 시사한다.

글로벌 올스타 기업을 국적별로 구분해 보면, 미국 기업이 35개, 유럽 11개, 일본 4개, 한국 1개, 싱가포르 1개 등으로 미국 기업이 압도적으로 다수를 차지하였다. 전체 상위 10위에도 미국 기업이 아홉 자리를 차지, 2004년에 이어 2005년 역시 초강세를 이어간 것으로 나타났다.

포춘 선정, 2005년 세계에서 가장 존경받는 기업

순위	2004	2003	기 업	산 업 군	국 적
1	2	2	제너럴 일렉트릭(GE)	전자	미국
2	1	1	월마트	잡화	미국
3	6	4	델	컴퓨터	미국
4	3	3	마이크로소프트	컴퓨터	미국
5	8	11	도요타 자동차	자동차	일본
6	9	7	프록터 앤드 갬블(P&G)	생활용품	미국
7	4	5	존슨 앤드 존슨	제약	미국
8	10	10	페덱스	택배	미국
9	7	8	IBM	컴퓨터	미국
10	5	6	버크셔 헤서웨이	자산관리/보험	미국/미국
11	15	12	BMW	자동차	독일
12	17	15	인텔	반도체	미국
13	13	16	UPS	택배	미국
14	20	17	홈 디팟	전문점	미국
15	16	13	소니	전자	일본
16	22	20	펩시	음료	미국
17	14	14	화이자	제약	미국
18	12	25	시티그룹	금융	미국
19	24	26	혼다	자동차	일본
20	11	9	코카콜라	음료	미국
21	26	28	타겟	잡화	미국

순위	2004	2003	기 업	산 업 군	국 적
22	27	31	브리티시 페트롤리엄(BP)	정유	영국
23	21	19	네슬레	식품	스위스
24	37	38	코스트코	전문점	미국
24	40	40	월그린	유통체인	미국
26	19	18	노키아	통신	핀란드
27	28	22	시스코	정보통신	미국
28	23	34	안호이저 부시	음료	미국
28	32	21	싱가포르 항공	항공	싱가포르
30	34	*	캐논	컴퓨터	일본
30	25	42	로우즈	전문점	미국
32	39	51	버라이존	통신서비스	미국
33	35	23	로레알	생활용품	프랑스
34	42	35	노스웨스턴 뮤추얼	보험	미국
35	48	*	뱅크 오브 아메리카	은행	미국
36	18	29	월트 디즈니	엔터테인먼트	미국
37	41	39	캐터필러	중장비	미국
37	36	36	듀폰	화학	미국
39	*	*	삼성전자	전자	한국
40	*	*	HSBC 지주회사	은행	영국
41	32	32	엑손	정유	미국
42	49	*	켈로그	식품	미국
43	*	*	지멘스	전자	독일
44	*	*	로열 뱅크 오브 스코틀랜드	은행	영국
45	*	*	디어	중장비	미국
46	*	*	유나이티드 테크놀로지	방위산업	미국
47	46	*	질레트	생활용품	미국
48	*	*	노바티스	제약	스위스
49	*	*	테스코	전문점	영국
49	47	*	보다폰	통신서비스	영국
49	29	30	콜게이트 팔몰리브	생활용품	미국
49	45	45	컨티넨털 항공	항공	미국

- 2005 Global Most Admired Companies, All-Stars (Fortune, 2005. 2. 23.)
- 순위는 발표 시점 기준
- *는 해당 연도 순위 없음

포춘이 별도로 선정한 '미국에서 가장 존경받는 기업'에서는 델이 월마트를 제치고 수위에 올랐다.

개인용 컴퓨터 제조업체인 델은 최근 2년 연속 1위 자리를 지켜온 월마트를 세 계단이나 내려앉혔을 뿐 아니라 경쟁업체인 IBM을 10위권 밖으로 멀찌감치 밀어 냈다. GE와 스타벅스가 각각 2위와 3위를 차지하였으며 월마트는 4위에 머물렀다. 5위는 사우스웨스트 항공에게 돌아갔다.

6위에는 페덱스가 이름을 올렸으며 버크셔 헤서웨이, 마이크로소프트, 존슨 앤드 존슨, P&G 등이 차례로 10위권에 진입하였다.

포춘은 이번 리스트 작성을 위해 경영자, 임원진, 증권 분석가 등을 대상으로 65개 산업에서 최대 매출을 가진 기업들의 혁신도, 직원 수준, 재무 상태, 기업 자산 이용, 경영능력, 사회적 책임, 장기 투자와 품질 등을 평가하여 순위를 매겼다고 밝혔다.

포춘 선정, 2005년 미국에서 가장 존경받는 기업

순위	기업	순위	기업
1	델	6	페덱스
2	GE	7	버크셔 헤서웨이
3	스타벅스	8	마이크로소프트
4	월마트	9	존슨 앤드 존슨
5	사우스웨스트 항공	10	P&G

파이낸셜 타임스의 '세계에서 가장 존경받는 기업·기업인'

파이낸셜 타임스가 '존경받는 기업' 조사를 처음 실시한 것은 1994

년이다. 당시에는 유럽 지역의 기업을 주요 대상으로 실시하였으며, 조사 명칭도 역시 '유럽에서 가장 존경받는 기업(Europe's Most Respected Companies)' 이었다. 1998년부터 세계 기업으로 조사 대상을 확대·실시해 현재에 이르고 있다.

평가 항목은 혁신능력, 제품 및 서비스 수준, 브랜드 이미지, 효과적 경영 전략, 경영 성과의 향상 정도, 기업 지배 구조, 주주가치 창출, 고객만족도이며, 이를 종합적으로 검토한다.

측정 방법은 세계 25개국의 1천 명 이상의 기업 고위 임원과 증권 분석가, 시민사회단체, 언론 등이 참가하는 설문 조사를 통한다. 다만 여기서 파이낸셜 타임스가 포춘과 다른 점은 산업계 관계자 외에도 시민사회단체 등이 설문 조사에 참가한다는 점이다. 해당 산업 관련 근무자와 증권 분석가가 함께 기업의 경영 능력 및 경영 성과를 평가하고, 시민사회단체와 언론이 제품 및 서비스 수준, 고객만족도 등을 종합적으로 평가하는 구도이다.

파이낸셜 타임스의 것이 포춘의 조사 방식에 비해 설문 조사 참가 계층이 넓어진 것은 사실이지만 제품 및 서비스 수준, 사회 공헌 측면을 잘 평가할 수 있는 소비자의 참여가 빠져 있다는 것은 역시 미진한 점으로 남는다.

파이낸셜 타임스의 세계에서 가장 존경받는 기업

개시 연도	1994년
조사 시기	매년 9월
주요 조사 내용	o 제품과 서비스 수준 o 브랜드 이미지 o 효과적 경영전략 o 경영 성과의 향상도 o 고객만족도
조사 방법	500대 기업을 대상으로 임원진, 증권 분석가에게 설문 조사

파이낸셜 타임스는 존경받는 기업 조사를 통해 세계 최상위 기업 45개 사를 선정하고 경제계 리더 45인 또한 함께 조사한다. 2004년 말의 조사 결과는 1998년 이후 내놓은 '세계에서 가장 존경받는 기업 · 기업인' 일곱 번째 리스트가 되는 셈이다.

파이낸셜 타임스가 2004년 11월 19일 발표한 '세계에서 가장 존경받는 기업(World's Most Respected Companies)'에 따르면 세계 정상의 1위 자리는 GE가 차지한 것으로 나타났다.

마이크로소프트가 바로 그 뒤를 이었으며 일본 도요타 자동차, IBM, 코카콜라가 차례대로 최상위 5위권을 형성하였다.

한국 기업 가운데에서는 삼성이 유일하게 존경받는 기업 순위 32위로 포함되었다.

포드자동차로 잘 알려진 포드(36위)나 IT 분야의 인텔(38위), 스포츠 및 생활용품을 쏟아내 놓고 있는 나이키(44위) 등 유수의 기업들보다 삼성이 우선 순위인 점은 무척 고무적인 결과라 할 수 있다.

파이낸셜 타임스의 관련 기사에 따르면 삼성은 업종별 순위에서도 전기전자 부문 3위를 기록하였으며, 기업 지배 구조와 주주가치 창출 부문에서는 각각 세계 25위를 차지한 것으로 나타났다.

파이낸셜 타임스의 조사 결과는 엔지니어링과 IT 부문의 강세가 두드러진 것이 특징이다. 이는 IT 부문이 초강세를 보인 포춘의 결과와는 다소 차이를 보인다.

파이낸셜 타임스의 조사 결과 순위에 오른 기업들을 업종별로 구분해 보면, 엔지니어링 부문이 무려 10개로 가장 많은 비중을 차지하였으며 IT 부문이 6개 기업, 식 · 음료와 생활용품, 재정 부문이 각각 5개 기업을 순위에 올렸다. 또 전기 · 전자, 에너지 · 화학 부문이 각각 4개의 기업을 세계적인 기업으로 키워 냈다. 은행 부문은 2개의 기업을, 건강용품을 비롯한 여가 · 잡화 · 전문점 등의 부문이 각각 1개 기업을 배출하였다.

이들 기업을 국적별로 구분하여 보면, 미국 기업이 24개, 유럽 18개, 일본 5개, 한국 1개, 홍콩 1개 등으로 미국 기업이 압도적 다수를 차지하였다. 전체 상위 10위까지 또한 미국 기업이 아홉 자리를 차지, 2004년 역시 초강세를 이어간 것으로 나타났다.

'세계에서 가장 존경받는 기업인(World's Most Respected Leaders)'에서는 2003년에 이어 2004년 역시 마이크로소프트 빌 게이츠 회장이 1위에, 2002년 일선에서 물러난 잭 웰치 전 GE 회장이 2위에 올랐다. 카를로스 곤(닛산), 워렌 버핏(버크셔 헤서웨이), 마이클 델(델)이 차례로 3~5위를 차지하였다.

삼성 이건희 회장은 한국인으로는 유일하게 21위에 올랐다.

파이낸셜 타임스 선정, 2004년 세계에서 가장 존경받는 기업

순위	2003	2002	기 업	산 업 군	국 적
1	1	1	GE	전자/전기	미국
2	2	2	마이크로소프트	IT	미국
3	3	5	도요타	엔지니어링	일본
4	4	3	IBM	IT	미국
5	6	4	코카콜라	식품/음료	미국
6	7	10	델	IT	미국
7	5	8	월마트	잡화	미국
8	31	15	시티그룹	재정	미국
9	18	11	P&G	식품/음료	미국
10	29	34	휴렛패커드	IT	미국
11	17	9	3M	생활용품	미국
12	23	21	사우스웨스트 에어라인즈	항공	미국
13	9	14	다임러 크라이슬러	엔지니어링	독일
14	18	55	존슨 앤드 존슨	건강용품	미국
15	26	20	브리티시 페트롤리엄(BP)	에너지/화학	영국
16	14	17	BMW	엔지니어링	독일
17	11	13	네슬레	식품/음료	스위스
18	12	7	GM	엔지니어링	미국
19	15	*	혼다	엔지니어링	일본
20	8	27	버크셔 헤서웨이	재정	미국
21	*	*	소니 에릭슨	생활용품	일본/스웨덴
22	34	50	닛산	엔지니어링	일본
23	25	35	지멘스	전기/전자	독일
24	21	16	듀폰	에너지/화학	미국
25	*		캐논	생활용품	일본
26	28	29	노키아	전기/전자	핀란드
27	27	73	캐터필러	엔지니어링	미국
27	30	37	맥도널드	매체/여가	미국
27	41	*	HSBC	재정	영국/홍콩
30	46	53	이케아	전문점	스웨덴
31	69		보잉	엔지니어링	미국

순위	2003	2002	기 업	산 업 군	국 적
32	40	42	삼성	전기/전자	한국
33	42	12	유니레버	식품/음료	네덜란드/영국
34	33	78	프라이스 워터하우스 쿠퍼스	재정	미국
34	22	18	로열 더치 셸 그룹	에너지/화학	네덜란드/영국
36	36	31	포드	엔지니어링	미국
36	20	30	로레알	생활용품	프랑스
38	37	36	인텔	IT	미국
39	49	*	다농	식품/음료	프랑스
40	60		페라리	엔지니어링	이탈리아
41	16	24	엑슨모빌	에너지/화학	미국
42	51		애플	IT	미국
43	62		도이체뱅크	재정	독일
44	59		나이키	생활용품	미국
44	42	42	버진	운항	영국

- World's Most Respected Companies (Financial Times, 2004. 11. 19.)
- 순위는 발표 시점 기준
- *는 해당 연도 순위 없음

파이낸셜 타임스 선정, 2004년 세계에서 가장 존경받는 기업인

순위	2003	이 름	기 업
1	1	빌 게이츠	마이크로소프트
2	3	잭 웰치(전 회장)	GE
3	4	카를로스 곤	닛산
4	2	워렌 버핏	버크셔 헤서웨이
5	6	마이클 델	델
6	5	오쿠다 히로시	도요타
7	10	제프리 이멜트	GE
8	9	칼리 피오리나	HP
9	13	스티브 잡스	애플
10	*	미타라이 후지오	캐논
11	*	리 아이아코카(전 CEO)	다임러크라이슬러
12	11	리처드 브랜슨	버진
13	18	존 브라운	BP
14	16	린제이 오원-존스	로레알
15	7	루 거스트너(전 CEO)	IBM
16	*	샘 팔미사노	IBM
17	22	앨런 그린스펀	미국 연방준비이사회
18	*	도널드 트럼프	트럼프 호텔
19	34	루카 디 몬테제몰로	페라리
20	63	레이프 요한손	볼보
21	22	이건희	삼성
21	25	윌리엄 포드 Jr.	포드
23	15	후쿠이 다케오	혼다
24	26	카를로스 슬림	텔멕스
25	12	유르겐 슈렘프	다임러 크라이슬러
26	*	래리 엘리슨	오라클
27	27	하인리히 폰 피에러	지멘스
28	*	존 챔버스	시스코 시스템스
29	20	마이클 아이즈너	디즈니
30	19	리처드 왜고너	GM
30	*	프랑수아 피노	피노 프랭탕 르 두트(PPR)

순위	2003	이 름	기 업
32	*	스텔리오스 하지 아이오아노우(창업주)	이지젯
33	56	잉파르 캄프라트	이케아
34	*	앤디 그로브	인텔
34	30	테리 리하이	테스코
36	*	난단 닐레카니	인포시스 테크놀로지
37	51	조세프 알커만	도이체뱅크
38	47	요르마 올릴라	노키아
38	20	루퍼트 머독	뉴스 코퍼레이션
40	*	에밀리에 보틴–산츠	방코 산탄데르
40	*	프레드 굿윈	로열 뱅크 오브 스코틀랜드(RBS)
42	40	무케시 암바니	릴라이언스 산업
43	29	더글러스 대프트(전 CEO)	코카콜라
44	40	피터 브라벡	네슬레
45	*	래리 페이지 & 세르게이 브린	구글

- World's Most Respected Leaders (Financial Times, 2004. 11. 19.)
- 순위는 발표 시점 기준
- *는 해당 연도 순위 없음

세계에서 존경받는 기업의 공통점

세계에서 존경받는 기업의 공통적인 특징은 크게 사회공헌 활동과 함께 재무적 차원에서 매우 탁월한 경영 성과를 내고 있다는 점이다.

사회 공헌 활동과 기업의 이익을 상충되는 개념으로 받아들이는 한국 기업의 경영 환경에서는 다소 의외이다. 더군다나 이해관계자들에게 존경받기 위해서는 탁월한 경영 성과가 필수적인 조건이며 기업의 가장 기본적인 사회적 책임이라고 믿고 있기 때문이다.

세계에서 존경받는 모든 기업에는 혁신성을 담보로 한 경영자가 있다. 이들의 리더십과 경영능력이 시장에서 탁월한 성과를 일구어 내고 혁신성이 바로 기업 경쟁력을 높이는 추진력으로 작용하고 있는 것이다.

세계에서 존경받는 기업들은 건전한 재무 운영 및 자산활용능력, 고객에게 가치를 부여할 수 있는 제품·서비스 개발 능력, 경쟁력 있는 인력을 채용·개발·유지할 수 있는 관리 능력, 그리고 사회 친화적 기업 활동을 통해 지역사회와 기업이 함께 발전할 수 있는 능력 등을 동시에 가지고 있다.

▷ 건전한 재무

재무적인 측면에서 투자자는 수익·효율·안정성을 기반으로 성장을 일구어 내는 기업을 원한다. 건전한 재무 운영 및 자산활용능력은 장기적으로 기업 투자 가치를 제고하는 근간이 되며 주주의 가치를 제고하는 데 직접적인 영향을 미친다.

GE가 미국 증시에서 시가 총액 1위를 유지하고 있는 것은 단순히 높은 매출 성장률 때문만이 아니라 재무 건전성을 유지하고 있기 때문이다.

▷ 인적자원 관리 능력

회사의 종업원은 제품 및 서비스를 창출하는 원천이 되며, 조직의 활력과 구성원의 능력이 기업 경영에 매우 중요한 요소가 되고 있다. 종업원들이 높은 생산성을 발휘하도록 하기 위하여 회사는 지속적으로 투자를 하여야 한다. 직원의 능력을 향상시키기 위해 기술 및 업무 교육을 실시하고 작업 환경의 개선, 복리후생 향상 등을 통해 종업원들이 스스로 회사에서 인정받고 있다고 느낀다면 그만큼 기업에 대한 충성도가 높아지게 된다. 이러한 종업원 만족은 향후 우수한 인재를 확보할 수 있는 근간이 될 것이다.

월마트 창업주 샘 월튼은 "고객에 대한 서비스 강화만이 사업을 번창으로 이끌 수 있으며, 이를 위해서는 무엇보다 직원에 대한 배려가 필수적이다."라고 하였다.

▷ 제품 및 서비스 수준 제고

기업이 지속적인 시장 성과를 얻기 위해서는 고객에게 제공하는 제품 및 서비스 수준을 높이는 연구개발 활동을 활성화하여야 하며 고객만족을 위한 활동을 끊임없이 전개하여야 한다.

이러한 활동이 고객에게 차별적 가치를 느끼게 하고 시장에서 좋은 이미지를 형성하게 된다. 또한 현재의 고객뿐만 아니라 미래의 잠재고객과도 우호적인 관계를 맺을 수 있다. 신속한 대처로 소비자를 보호한 '타이레놀 사건'은 존슨 앤드 존슨을 '가장 책임감이 강한 기업'으로 만들었다.

▷ 사회 친화적 기업 활동

사회 친화적 기업 활동은 기본적으로 제품을 개발, 생산, 유통하는 전 과정에서 지역사회에 피해를 주지 않고 적절한 이익을 확보하며, 또한 이러한 이익을 지역사회 발전에 환원함으로써 기업 이미지를 향상시키는 범위로까지 확대되고 있다. 이러한 활동을 통해 지역사회 주민들은 함께 성장 발전할 수 있는 기업으로 인식하게 된다.

마이크로소프트사의 빌 게이츠 회장이 대표적인 예이다. 글로벌 경쟁력을 갖춘 기업은 내부적으로는 일하고 싶은 회사이며 외부적으로는 사회에 기여하는 기업의 이미지가 되어야 한다.

외국기업 - 사례연구

- 제너럴 일렉트릭(GE)

>>> 변화의 리더에서
다시 존경받는 기업으로

1896년 다우존스 산업 지수가 발표한 미국 내 12개 우량 기업 가운데 현재까지 생존하고 있는 유일한 기업은 바로 GE이다. 그간 GE는 세계적인 혁신의 전초 기지로 불리며 현대 세계 경영 흐름에 가장 적합한 변신을 추구하는 기업으로 인식되어 왔다.

GE의 역사는 말 그대로 끊임없는 변화 그 자체이다. 발명왕 에디슨이 전구의 원리를 발명하였고 GE는 이를 본격적으로 제품화하였다. 이후 세계에서 가장 많은 전기 소비재를 생산하는 기업으로 정상을 지키며 다양한 가전 제품을 출시하였다.

GE는 계속해서 제트 엔진, 산업용 부품, 전기 회사에 공급하는 발전 설비 등으로 사업을 다각화하였다. 더 나아가 의료 장비, 플라스틱 사업 부문으로까지 범위를 더욱 넓히고 GE 파이낸셜서비시스와 NBC 등을 통해 사업 영역을 금융과 방송 등으로까지 확대하였다.

GE의 가장 큰 특징은 이처럼 무려 12개에 이르는 다각화된 사업 부문으로, 전 세계로 흩어져 활동 중인 2백50여 개 사업체는 GE의 규모를 실감케 한다. 이들 각 부문의 사업부는 대부분 세계 정상권의 경쟁력을 자랑하고 있고, 12개 부문에 이르는 '거대한 바다'가 지금의 GE라고 할 수 있다.

GE는 흔히 사양 산업으로 인식되었던 가전 사업 부문에서 지금도 연간 70억 달러에 가까운 매출을 올리고 있다. GE 캐피털의 투자운용회사인 GE 에퀴티는 회사 포트폴리오 가운데 15%에 이르는 자금을 IT 관련 첨단 기술에 집중적으로 투자한 결과 인터넷 경영 기반을 구축하였고 각종 시스템 구축 노하우를 다른 기업에 기술 이전하는 단계에 이르렀다.

이처럼 GE는 단일 기업인 동시에 12개의 개별 집단이며, 이들 각 부문 사업 부서는 수익에 따라 철저하게 평가받는다. GE라는 이름 하에 철저하게 개별 기업의 형태로 운영되는 것이다. 하지만 이들 조직이 결코 폐쇄적인 것은 아니다.

조직체가 개방적일수록 변화의 압력과 충격을 잘 수용하며 조직체가 관료적이고 폐쇄적인 경우 그 결과는 명약관화하다. GE가 오늘날까지 세계적인 기업으로 명성을 유지할 수 있는 이유는 무엇보다 끊임없이 변화를 추구하고 경영 환경의 변화에 앞서 기업 변신을 훌륭히 수행해 왔기 때문이다. 그러므로 '변화를 리드하는 기업'이란 칭호는 단연 GE의 몫이라 할 수 있다.

　1892년 이후 계속된 GE의 오랜 역사 속에서 가장 급진적이고도 본격적인 개혁을 한 것은 45세의 나이로 GE 회장 자리에 오른 잭 웰치였다.

　"광범위한 다양성을 학습 기회로 삼아 전 직원의 소중한 지식을 발굴한 후 이를 급속히 실행에 옮기는 노하우야말로 GE의 소중한 기업 문화이다."

　잭 웰치 회장은 전 직원의 아이디어와 고객의 지식에 주목하여, 이를 공유하고 다시 적극 활용하여야 한다는 지식경영을 주창하였다. 즉 전 세계로 분산되어 있던 GE의 조직 특성상 조직의 지적 역량을 습득하고 공유하는 지식습득 문화야말로 기업 성공의 관건적 요소임을 꿰뚫어본 것이다.

　지식습득 문화의 대내적 행보는 '워크아웃' 운동으로 대표된다. 워크아웃 운동이란 어떤 문제점이 발생하였을 때나 새로운 아이디어가 필요할 때 직위의 상하나 역할 분담을 막론하고 모든 직원이 한자리에 모여 해결점을 모색하는 방식이다. 아울러 여기서 채택된 최선의 아이디어는 곧바로 실행으로 옮겨진다.

　이 운동은 조직 속의 관료적인 벽을 허무는 동시에 전 직원의 활발한 의사소통을 통해 다양한 아이디어를 경영 일선에 접목하는 것으로 결과는 기대 이상이었다. 수많은 아이디어가 경영에 즉각적으로 반영되었으며, 거대 조직이기에 있을 수밖에 없었던 여러 장벽이 제거되었고 관료성 또한 감소하였다.

이로써 유연하고 탄력성 있는 '열린' 기업 문화가 정착된 것이다. 모든 직원들의 의사가 자연스럽게 경영 일선에 반영되었으며 여러 부서가 신속하고 효율적으로 팀워크를 형성하게 되었다.

오늘날 경영 방식의 으뜸은 나보다 나은 아이디어를 가진 사람을 찾아 내고 그것을 곧바로 실행에 옮기는 것이다. GE를 세계적인 기업의 반열에 올려놓은 가장 주요한 요소 가운데 하나가 '벽 없는 문화'라고 불리는 지식의 습득·공유·실행으로 이어지는 기업 문화이다.

예를 들면, GE의 '소비자 상담 전화'는 다른 기업들의 고객 불만 접수 창구와 확연히 구분된다.

이 시스템은 단순히 고객의 불평·불만 사항을 접수하고 해결책을 제시하는 단순 기능에서 탈피하여 제품의 우수성을 홍보하는 수단으로 적극 활용되었다. 특히 제품의 장·단점, 주요 제품의 구입 및 교체 시기, 선호 디자인과 기능 등 고객의 다양한 니즈와 욕구를 수렴하는 방식으로 기능을 획기적으로 전환하였다. 값진 고객 지식을 얻는 창구로서 이 시스템을 적극 활용한 것이다.

이를 위해 GE는 상담원의 자격을 대학 졸업자 중 해당 분야 경험 4~6년의 베테랑들로 엄격히 제한하였다. 그만큼 이 시스템에 큰 비중을 두어 운영한 결과 높은 고객 만족도로 되돌아왔다.

소비자 상담 전화를 통해 얻은 정보는 데이터베이스화 과정을 거쳐 각 부서가 공유하였고 고객을 만족시킬 수 있는 우수한 신제품이 적시에 신속하게 출시됨에 따라 경영성과 또한 극대화될 수 있었다. 이는 GE의 고객가치 중시 정신을 집약적으로 보여 주는 사례라 할 수 있다.

GE는 더 나아가 제품 생산 향상을 위한 고객 지식 활용에 그치지 않고 서비스 중심으로 전략 자체를 수정하였다. 그 결과 1980년에는 매출액의 85%가 제품 생산에서 비롯되었는데 2004년 현재에는 매출액의 70%가 서비스 품목에서 발생하고 있다.

GE는 존경받는 기업으로 거듭나기까지 경영에 국한된 혁신에 머무르지 않고 기업의 생존 목표인 고객가치를 추구한 것이다.

존경받는 기업은 최고의 제품과 서비스를 갖추고 재무 상태가 양호하여야 하며 마케팅 전략 또한 탁월하여야 한다. 그래서 GE가 지향한 것이 무결점주의이다.

GE는 1995년부터 6시그마 품질경영운동을 펼쳐 왔다. 이는 1백만 개 제품 혹은 서비스 가운데 단 3개 또는 4개만의 불량을 허용하는 품질 경쟁력 극대화 운동으로 지금은 일반화된 운동이다. 일찍부터 이를 적극 실천하고 품질 경쟁력을 키워 온 결과, 고객의 높은 제품 만족도 수준을 유지하고 있다.

이와 더불어 인재 등용과 직원 능력 개발에도 박차를 가하였다. 우수한 인력을 등용·발굴하는 것은 모든 기업의 과제인데 직원의 능력을 최대한 함양하여 기업의 효율을 극대화하기 위한 것이다. 따라서 GE는 모든 직원이 항상 더욱 높은 수준의 지식을 습득하고 훈련

할 수 있는 환경을 조성하기 위해 전력을 다하였다.

현재 GE의 핵심 역량은 제조 기술이나 서비스가 아니라 바로 최고의 인재를 발굴 및 양성하는 데 있다.

기업이 직원들의 재능을 발굴하고 그에 맞는 보상을 할 때 기업도 변화하게 된다. 직원들에게 배움에 대한 의욕과 열정을 심어 주는 기업의 인력 양성은 기업의 미래를 발전적으로 변화시키는 것이다. GE의 사례가 그렇다. GE가 학습조직으로 변신하자 어떤 실천 사례보다 괄목할 만한 성과를 불러왔으며 세계에서 가장 존경받는 기업 GE를 만들어 냈다.

GE는 함께 사는 사회를 위한 기업의 사회공헌 활동 부분에서도 기업의 역사를 새롭게 작성하였다. 바로 세계 최대 규모의 자원봉사 조직인 엘펀(Elfun)이 그것이다. 이 조직에서는 2003년 말 현재 46개 국가 1백45개 지부에서 5만3천여 명의 회원이 활동하고 있으며 GE 임직원뿐 아니라 퇴직자 나아가 그들의 가족까지 참여하고 있다.

■ 월마트

>>> 고객 · 직원 가치 제고,
기업 성공의 핵심

"소매점의 성공 여부는 소비자가 원하는 것을 제공할 수 있느냐 없느냐에 달려 있다."

이는 세계 최대 유통업체인 월마트의 창업자 샘 월튼이 쓴 자서전의 한 부분이다. 모든 것을 소비자의 입장에서 판단하고 이를 기준으로 기업을 운영한다는 것이다. 고객에 대한 서비스와 지역사회에 대한 이윤 환원을 목표로 한 마케팅 전략이 오늘날의 월마트를 탄생하게 한 원동력이라 할 수 있다.

무료 주차를 비롯하여, 편리한 매장 운영 시간 등 친절하고 식견 있는 다양한 서비스, 최저가 정책, 풍부하게 갖추어진 품질 좋은 제품, 구매 상품의 소비자 만족 보장 등이 월마트의 성공 비결이었다.

1962년 미국 아칸소 주의 로저스에서 'Wal-Mart'라는 상호의 소매점으로 출발한 월마트는 1960년대 말 15개 점포로 확대, 1972년 뉴욕 증시 상장 이후 비약적인 발전을 거듭하였다. 2002년 2천4백45억 달러의 매출액을 기록하며 마침내 명실상부한 세계 최대 유통업체가 되었다. 현재 월마트는 다양한 지역사회 활동을 전개하고 있으며, 세계적인 다국적 기업으로 면모를 굳건히 하고 있다.

월마트는 미국 내 3천3백여 개의 매장과 전 세계에서 1천3백여 개에 이르는 매장을 운영하고 있으며 1백50만여 명의 임직원이 근무하고 있는 거대 기업이다. 그럼에도 그들의 구호는 여전히 '파괴' 와 '재생' 이다. "스스로를 파괴하고 재생할 수 있는 유연한 경영 구조를 가지고 있는 한 앞으로 해외 시장 개척에 난관은 없다"는 것이 그들만의 자신감이다.

월마트만의 탁월한 지역화 전략은 기업의 사회 공헌 원칙과 항상 연계되어 있다. 각 매장에서는 매월 사회봉사 프로그램을 운영하고 있으며, 무료 급식 제공을 비롯해 양로원과 고아원, 장애인 관련 단체 등에 물품 기증을 포함한 다양한 봉사활동을 펼치고 있다. 특히 월마트가 신규 개점하는 지역에는 1천만원 상당의 기부금을 관련 단체에 전달하는 것으로도 유명하다.

이제 기업의 상(像)은 '큰 기업', '강한 기업' 그리고 '이익을 내는 기업' 에 머물러 있지 않다. 기업도 사회적 정당성을 획득하여야만 기업으로서의 존재이유가 성립하기 때문이다. 기업은 경제적 책임과 법적·윤리적 책임, 더 나아가 주위로부터 존경받을 수 있는 사회 공헌의 책임의식을 갖추어야 한다.

월마트는 '꾸준히 보답하는' 기업의 자세를 경영 전략으로 승화, 확실하게 실천하여야 기업이 지속 성장한다는 실례를 보여 준다.

"매번 11달러를 절약하여야 한다. 이를 발판으로 하여야 경쟁 기업보다 한층 더 나은 자리에 올라설 수 있다. 이것이 곧 월마트가 추구하는 경영 목표이기도 하다."

이처럼 무엇보다 월마트가 주창하는 것은 '저비용 운영 구조' 이다. 처음 출발할 때부터 모든 관리 측면에서 저비용 운영 구조를 통해 효율 극대화를 꾀하고 이를 바탕으로 고객만족과 직원의 복지 향상을 동시에 추구한다는 전략이다.

월마트 저비용 운영 구조의 요체는 '작은 것 하나에도 철저히 반응한다'는 것이다. 먼저 비용 절감을 위해 본부 구조부터 항상 점검하고 있다. 게다가 매주 주말에 열리는 '즉석 업무 개혁회의', '실무반영 영업 회의' 등을 통해 이 같은 방침을 더욱 공고히 하고 있다. 가령 매월 효과적인 이벤트 특매를 기획하여 광고비를 줄여 나가는 방식 등이다.

또한 신속대응(QR) 시스템을 구축, 판매시점(POS)에서 파악한 실제 수요에 도 · 소매 및 생산의 모든 단계가 재빨리 대응할 수 있도록 영업 개혁을 진행하고, 전 매장을 대상으로 '디스플레이 콘테스트'를 실시하여 시상할 뿐 아니라 '베스트 디스플레이'로 뽑힌 우수 사례는 즉시 모든 매장에서 채택하는 '모범 사례 전파'를 상시화하고 있다.

물류 근대화를 위한 과감한 투자를 아끼지 않는 것 또한 눈여겨봐야 한다. 크로스 독킹(Cross Docking) 시스템을 갖추어 물류센터의 운영비 · 배송비 등을 합친 물류비가 업계 평균보다 2~3% 떨어졌고, 서비스 수준이 100%인 점포로 만들기 위해 불필요한 상비 재고를 정리해 생산 단계에서부터 즉납체제(Just in Time)를 확립하였다.

또한 특정 제조업체와 협력하여 품질 좋은 제품을 매일 싸게 판매하는 EDLP(Every Day Low Price) 정책은 월마트가 365일 최저가 판매 정책을 펼칠 수 있는 기본 구조가 되었다.

월마트는 이처럼 정교하게 유통 · 재고 관리 시스템과 매장 관리 방식을 혁신하여 고객이 사고 싶은 제품을 원하는 가격에 언제든 구매할 수 있게 하였다. 또 매장 내의 고객 이동 동선을 최적화하고 점원에게 일일이 제품 가격을 묻는 고객 불편 등을 최소화하였다.

월마트 성공의 근저에는 직원들의 자발적인 참여가 큰 힘을 발휘하였는데 월마트의 '어소시에이츠(Associates) 제도'는 한 마디로 직원들의 창조적이고도 기발한 아이디어를 양산해 내는 텃밭 구실을 하였다. 이 제도는 정규직이든 일용직이든 상관없이 매장 운영에 대한 참신한 아이디어를 낼 때마다 소정의 금전적인 보상을 받을 수 있도록 한 것이다.

특이한 점은 이 제도가 단순한 인센티브 제도가 아니라는 사실이다. 월마트에서 어소시에이츠들은 본사로부터 강력한 지원과 창의적 의사 결정권을 부여받았고, 기업 문화를 통해 이들이 고객을 위해 자율적으로 자신의 생각을 펼치고 몰두할 수 있도록 배려한 것이다.

월마트의 이러한 기업 문화는 창업주 샘 월튼과 관계가 깊다. 그가 평소 강조한 것 역시 직원에 대한 배려 부분이다. "고객을 위한 서비스를 강화하여야만 사업이 번창할 수 있는데 이를 위해서는 무엇보다 직원들에 대한 배려가 필수이다."

결국 이러한 경영 철학은 오늘날의 자율적이고도 창의적인 월마트의 기업 문화로 자리 잡게 되었다.

월마트의 기업 문화는 사회 공헌 사업에서도 두각을 나타내고 있다. 매월 각종 사회봉사 프로그램을 통하여 지역사회 소외계층에 대하여 지속적인 관심을 갖고 봉사활동을 실행하는 것은 물론 '그린 캠페인'을 기획하여 광범위한 환경보호 프로그램을 펼치고 있다.

학교나 공원 등 지역 공공단체에 식목수를 기증하는 것을 비롯, 매년 4월 식목일 혹은 지구의 날 등을 기념하는 다채로운 행사에도 적극적으로 참여하며, 거리 청소 캠페인 등을 정례화하여 지역사회와의 유대감을 한층 더 높이고 있다.

또한 월마트가 세계적인 기업으로 주목받는 이유는 '월마트만의 고유성'을 갖고 있기 때문이다.

우선 40여 년의 오랜 경험과 1천3백여 개에 이르는 전 세계 매장을 운영하는 노하우가 그것이다. 그 동안의 학습과 경험의 효과는 가히 한두 마디로 정리하기 힘들다. 여기에 세계 최고를 자부하는 첨단 배송망은 할인점의 가장 기본적인 요소인 비용절감에 이어 원가절감 효과까지 거두어 월마트만의 강력한 가격 경쟁력을 형성하고 있다.

공급업체와 물품 정보 시스템을 공유하고 항상 적정 수준의 제품을 보유함으로써 공급의 안정성은 물론 상품 구색의 다양성까지 겸비하고 있다.

또한 고객이 손쉽고 유쾌하게 쇼핑할 수 있도록 각종 프로그램을 지속적으로 운용, 고객만족도와 기업 신뢰도를 동시에 향상시켰다는 점도 주목된다.

무엇보다 월마트의 경영 전략 중에서 놓치지 말아야 할 부분은 인간 중시의 경영 철학을 직원에 대한 존중으로 이어가고 있는 점이다. 월마트는 내부 고객인 직원 만족을 적극적으로 추구하고 있는데, 이는 결국 고객에 대한 존중과 궤를 같이한다. 고객의 니즈와 욕구에 1차적으로 반응하는 이들이 바로 매장의 직원들이기 때문이다.

- 마이크로소프트

》》 글로벌 경쟁력의 중추,
CEO의 리더십

마이크로소프트와 빌 게이츠는 동격이다. 빌 게이츠의 모든 발언과 행보는 언제나 세간의 이목을 집중시켜 왔다. 마이크로소프트 역시 마찬가지이다.

미국 부시 대통령 정부가 집권 초기에 재산세 인하 방침안을 내놓자 빌 게이츠는 세계적인 재벌 기업주들과 더불어 반대 입장을 분명히 하였다. 오히려 상속세를 더 많이 거두어 부의 대물림 현상을 막아야 한다고 주장하였다.

"사회에서 성공하고 부를 쌓은 사람들은 어떻게 사회에 부를 환원하고 불평등을 개선할 것인지 깊이 생각하여야 한다."

빌 게이츠의 생각은 이처럼 명료하였다. 그리고 이를 실천으로 옮겼다. 매년 2억5천만 달러 이상을 사회에 기부하였고, 재산의 절반이넘는 2백50억 달러를 따로 기금으로 조성하여 세계의 가난하고 병든사람들과 어린이들을 위한 재단을 세웠다. 세상은 놀라워 하며 동시에 박수를 아끼지 않았다.

빌 게이츠는 매년 두 차례 1주일씩 잠적하는 것으로도 유명하다. 일명 '구상 주간(Think Week)'이 바로 그것인데, 그가 스스로 네트워크를 끊고 마이크로소프트 세계화 전략의 밑그림 그리기에 몰입하는 시기로 미국 서북부 호숫가의 오두막 집에는 하루 두 차례 음식 배달하는 사람만 드나들 뿐이다.

그는 이 기간에 1백여 건이 넘는 보고서를 읽으며 매번 시장 흐름을 자기 것으로 바꾸어 놓는 획기적인 발상을 내놓곤 한다. 그래서 사람들은 오두막 집을 나서는 그의 모습을 항상 기대 어린 눈으로 바라보았다.

마이크로소프트는 혁신적 소프트웨어 개념을 '손가락 하나로 모든 정보를(Information At Your Fingertips)'이라는 모토 아래 집약하였다. 이로써 세상은 새로운 '네트워크 시대'의 도래를 실감하였다.

마이크로소프트는 그래픽 운영 체제에 대응하여 출시한 윈도 시리즈의 계속된 성공으로 사업 규모, 성장성, 수익성, 시장 지위 등 모든 측면에서 손꼽히는 초우량 기업으로 자리매김하였다. 실제 주력 사업인 PC용 운영 체제와 애플리케이션의 경우 각각 시장 점유율 91%와 95%를 기록하며 타의 추종을 불허하고 있다.

마이크로소프트는 그간의 성취를 바탕으로 탁월한 재무건전성은 물론 고도의 성장률을 지속하고 있으며, 아울러 인재 등용 및 양성 그리고 기업 문화 면에서 마이크로소프트만의 독특한 수평적 기업 문화를 창출하였다.

그 일례가 '작은 기업의 자세(Small Company Mind)'이다. 마이크로소프트가 발전에 발전을 거듭하며 해외 각지로 진출하고 있지만 여전히 기업 출발 당시의 소규모 회사로서의 마음가짐을 유지하겠다는 바람이다. 작은 회사에서 직원들을 세세히 챙겨 주듯이 서로의 의견에 귀 기울이는 그들만의 기업 문화를 고집하고 있는 것이다.

서로를 존중하는 이러한 자세는 '기빙 매치(Giving Match) 프로그램'을 통해 사회로까지 확장되고 있다. 이 프로그램은 직원들의 사회 공헌을 독려하기 위해 직원들이 돈을 기부하면 회사에서 그 금액만큼 분담하는 제도이다.

2004년 11월 16일 월스트리트 저널은 설문 조사에 근거하여 이러한 마이크로소프트를 "전 세계 기업 브랜드 가운데 최고"라며 회계 실적과 비전, 리더십, 사회 공헌 등을 높이 평가하였다.

마이크로소프트만의 독특한 성공 비결은 정예화된 소수 인력으로 언제나 최대의 성과를 구축해 온 데 기인한다.

우선 인력 채용에서부터 과감한 스카우트 방식을 채택하고 있는데, 높은 성과를 위해서는 엘리트 중심의 조직 구성이 관건적 사항이라고 판단, 엘리트만을 유입하여 최대 성과를 일구어 냈고 결과적으로 이는 직원들의 작업 성취도 만족으로 이어지고 있다.

마이크로소프트의 전 임직원이 함께한 총회에서 한 인사 담당자가 이례적인 발표를 하였다. 지금까지 세 명이 담당하던 일을 앞으로는 두 명이 하도록 방침을 바꾸었다는 것이다. 이를 전해 들은 그 자리에 있던 5천여 직원들은 발표를 듣자마자 곧바로 환호성을 질렀다. 이는 일반적으로 선뜻 이해하기 힘든 반응이다.

그 환호성은 그만한 몫의 일이라면 굳이 세 사람이 할 것이 아니라 두 사람만으로도 충분하며 자신들은 그럴 만한 능력을 소유하고 있다는 의미였다. 한마디로 회사가 자신들의 능력을 인정해 주는 것으로 받아들인 것이다.

그만큼 그간 회사가 직원들의 능력과 역량에 따른 보상을 철저히 하였기에 나온 진풍경이었다. 마이크로소프트 직원들은 스스로가 엘리트 의식을 가지고 과감히 조직 문화를 수용, 이를 통해 다시금 개인 발전의 발판으로 삼고 있는 것이다.

마이크로소프트의 스톡옵션 제도는 설립 초기부터 시행되었다. 이 제도는 입사 초기부터 적용되어 매년 6월 각자의 실적에 따라 추가 배당을 받는 방식이다.

마이크로소프트의 급여 수준은 업계 내 동종 기업들과 큰 차이가 없지만 직원들은 여기에 크게 개의치 않는다. 그 이유는 자신이 기업에 공헌한 만큼 보상받을 수 있기 때문이다. 현재 이 제도는 스톡어워드(Stock Award) 방식으로 운영되고 있다.

조직구조는 단순하다. 그렇다고 아예 직급이 존재하지 않는 것은 아니다. 가령 3천6백여 명이 상주하는 본사 개발부문은 회장 및 개발 담당 집행 부사장 · 상급 부사장 · 부사장 · 디렉터 · 매니저 · 평사원 등으로 구성되어 있다. 그러나 마이크로소프트만의 독특한 기업 문화는 지시 명령 체계가 이러한 조직 체계를 따르지 않는다는 것이다.

마이크로소프트 직원들은 누구나 업무의 최종적인 부분까지 스스로 의사결정을 내리며 이에 대하여 책임을 진다. 조직 체계가 의사결정을 하지 않는다는 것은 마이크로소프트만의 독특한 성공 비결로 수평적 기업 문화란 바로 이런 것을 말한다.

모든 커뮤니케이션의 근간은 전자우편을 기본으로 이루어진다. 빌 게이츠는 하루 2백여 통의 메시지를 받는다. 이것을 모두 읽고 필요한 것에 회답한다. 누구라도 회장에게 메시지를 보낼 수 있다. 회장은 곧바로 프로그램의 장 · 단점을 회신하거나 컨셉 조정 등 여러 사안에 대해 지시한다.

마이크로소프트에서 모든 정보는 매일 전자우편을 통해 교환되며 특별히 정기적인 회의도 없다. 결국 이 시스템은 계통을 거치지 않는 정보가 한 자리에 모이는 시스템인 셈이며, 이를 통해 빌 게이츠가 직접 마이크로소프트를 통솔하는 것이다.

빌 게이츠의 리더십은 마이크로소프트의 가장 큰 성공 요인이라고 할 수 있다. 미래를 볼 줄 아는 특출난 선구안을 겸비한 이 리더는 최고가 되기 위해 경쟁적이고도 평등한, 특별한 기업 문화를 구축하였다.

소프트웨어 시장의 특성상 시장 선점은 무엇보다 중요하고 경쟁 기업을 완전히 제압하여야만 살아남을 수 있기 때문에 업계의 비판에도 불구하고 마이크로소프트는 때때로 공격적인 마케팅을 채택하고 있다. 상대의 아성에 도전해 '업계 표준'으로 등극하는 마지막 순간까지 고삐를 늦추지 않는 경영 전략이 빌 게이츠 특유의 방식이고 그것이 결국 지금의 마이크로소프트를 만들어 놓았다고 할 수 있다.

빌 게이츠가 직원들에게 요청하는 사항은 세 가지이다. '최고의 제품을', '가능한 한 빨리' 그리고 '경쟁자를 뛰어넘어!'가 바로 그것이다.

이렇듯 치열한 시장 환경에서 마이크로소프트는 가장 효율적인 경영 방식을 창출하였다. 유능한 리더를 중심으로 조직을 수평적으로 구성하고 이를 통해 경영자와 모든 직원이 일사불란하게 목표에 도달하게끔 기업 문화를 확고히 하고 있다. 그리고 그러한 노력의 풍성한 결실을 독차지하지 않고, 사회와 더불어 나누는 독특한 형태의

'부의 사회 환원'을 열정적으로 수행하고 있다.

최고경영자의 솔선수범을 통해 이를 독특한 기업 문화로 정착시키고, 다시 기업의 경쟁력으로 전환한 대표적인 실례가 바로 마이크로소프트이다.

▪ 존슨 앤드 존슨

>>> 윤리경영,
21세기 기업의 존재이유

1999년 경제협력개발기구(OECD)의 '뇌물 방지 협약' 체결 이후 기업의 윤리적 책임이 글로벌 스탠더드로 확고히 자리 잡았다. 따라서 기업 윤리경영의 금과옥조와도 같은 '우리의 신조(Our Credo)'는 비단 존슨 앤드 존슨만의 것이 아니다. 비록 이 선언문을 명문화한 것이 존슨 앤드 존슨의 로버트 우드 존슨일지라도 말이다.

"우리의 첫째 책임은 우리 상품과 서비스의 수요자인 의사, 간호사, 환자를 비롯해 자녀를 가진 아버지, 어머니를 포함한 모든 사람에 대한 것이라 믿는다. 그들의 요구에 부응하기 위해 우리의 상품은 항상 최고의 품질을 유지하여야 한다."

이 문구는 미국 존슨 앤드 존슨 본관 건물 입구의 석판에 새겨져 있는 것으로, 사람 키보다 조금 큰 이 석판에는 소비자에 대한 기업의 자세를 필두로 크게 직원에 대한 기업의 책임, 사회공동체에 대한 역할, 회사 주주에 대한 의무 등이 선명히 기록되어 있다.

아울러 존슨 앤드 존슨은 '우리의 신조'와 함께 기업이 윤리경영의 잣대로 삼아야 할 또 하나의 기준을 마련해 두고 있다. '빨간 얼굴 테스트(Red Face Test)'라 불리는 불문율이 바로 그것이다. 이는 자신이 내린 결정이나 행동을 자신의 가족에게 얼굴을 붉히지 않고 설명할 수 있을 만큼 윤리적이었는지 자문하는 것을 말한다.

존슨 앤드 존슨은 1886년 미국 뉴저지 주 뉴브런스윅에서 설립되었다. '우리의 신조'는 창업자의 장남인 로버트 우드 존슨이 1932년 사장에 취임하면서 작성하여 존슨 앤드 존슨의 경영철학을 다시금 대내외에 천명한 선언문이다.

존슨 앤드 존슨은 이처럼 윤리경영을 모토로 현재 전 세계 52개국에 2백여 개에 이르는 제조공장을 갖고 있으며, 175개 국가에서 제품을 시판 중이다.

초창기 제품은 소독용품 등을 비롯한 의약품이 주를 이루었다. 이후 세계 최초로 유아용 파우더를 생산, 세계 유아용품의 대명사로 자리 잡게 되었다. 또한 일회용 반창고를 처음 고안하고 진통해열제 타이레놀을 생산함으로써 성장 가도를 질주하였고, 점차 사업 영역을 확대, 헤어케어용품 등 다양한 생활용품까지 생산하고 있다.

존슨 앤드 존슨의 빅 히트 상품인 타이레놀은 아스피린의 부작용을 제거한 진통제로 1974년 5천만 달러의 매출 규모를 기록하였고 1982년에는 3억5천만 달러의 매출고를 올려 '황금거위' 노릇을 톡톡히 하였다. 8년 만에 무려 7배의 신장세를 보인 것이다.

하지만 타이레놀은 존슨 앤드 존슨에게 이처럼 큰 기회인 동시에 위기를 안겨 주기도 하였다. 1982년 9월 시카고의 한 약국에서 이 약을 구입해 복용한 성인 남자가 갑자기 사망하는 사고가 발생한 것이다. 불상사는 여기서 그치지 않고 다음 날 2명의 사망자가 발생하고 그 며칠 뒤 4명이 더 사망하였다.

사망 원인은 시안화물(Cyanide)이었는데, 이는 혈액의 산소 수송

기능을 막아 심장과 뇌 등을 손상시키는 치명적인 물질이다. 사고 원인 조사 결과 누군가가 타이레놀 캡슐에 몰래 독극물을 집어넣은 뒤 다시 그 약병을 반환한 것으로 결론났다. 생산 과정에서는 독극물이 들어가지 않은 것으로 판명났지만 사고 직후 타이레놀의 시장 점유율은 35.5%에서 7%로 폭락하였다.

하지만, 1983년 5월 타이레놀의 시장 점유율은 다시 35%로 회복되었다. 이는 존슨 앤드 존슨에 대한 기업 신뢰도가 큰 역할을 하였음을 보여 준다.

존슨 앤드 존슨은 시카고 지역 제품만 수거하라는 미국 식품의약국(FDA)의 권고를 뛰어넘어 전국에서 약 3천만 병, 1억 달러어치의 타이레놀을 전량 회수하였다.

또한 사건의 원인이 규명되기 전에는 타이레놀 제품을 절대 복용하지 말라고 소비자들에게 대대적으로 홍보하였다. 당시 타이레놀은 존슨 앤드 존슨의 연간 매출액 가운데 7%로 3억5천만 달러의 매출 규모를 자랑하고 있었다. 기업 전체 이익의 17%를 차지하는 주력 상품이었던 점을 감안할 때 이러한 조치는 상당한 불이익을 감수한 결정이었다.

존슨 앤드 존슨의 윤리강령이 기업 경쟁력의 핵심 요소로 떠오른 것은 1986년 재차 발생한 '타이레놀 사건'이 결정적 계기가 되었다.

불행히도 그해 2월 뉴욕의 한 여성이 시안화물이 든 타이레놀 캡슐을 복용하고 사망하는 사고가 재발하였고, 존슨 앤드 존슨은 모든 타이레놀 캡슐을 회수하고 생산을 아예 중지하기로 하였다.

변조를 막을 길 없는 소매용 캡슐을 폐기하는 대신 알약을 복용하기 쉽게 코팅한 소위 '캡렛'만 생산하기로 결정한 것이다. 이 때문에 1억5천만 달러의 추가 비용이 들었지만 존슨 앤드 존슨의 방침은 확고하였다.

"사회는 우리 회사가 특별히 믿을 수 있고 책임감 있는 회사라고 생각하고 있다. 이 신용에 손상을 입히고 싶지 않다." 존슨 앤드 존슨은 고객에 대한 책임을 명시한 '우리의 신조'에 따라 신속하게 행동하였다.

'우리의 신조'를 굳게 지키는 존슨 앤드 존슨의 경영 철학은 아기 엉덩이가 짓무를 때 바르는 파우더 제품에서도 잘 나타난다.

국내에서 유통되는 유아용 파우더는 사용하기 편리하기 때문에 도구를 이용해 찍어 바르는 분첩형이 일반적이다. 하지만 존슨 앤드 존슨의 제품은 분말을 손에 덜어 내 직접 발라 주도록 제작되어 있는데 아기에게는 엄마의 손이 직접 닿는 것이 좋고 이것이 옳기 때문에 바꿀 수 없다는 것이다.

분첩형을 만들어 달라는 소비자들의 요구가 끊이지 않고 있으나 존슨 앤드 존슨은 오히려 연간 8억원씩 들여 '사랑의 터치 캠페인'을 펼치고 있다. 1997년부터 이어오고 있는 이 캠페인은 병원 등에서의 강습과 비디오테이프 보급 등을 통해 그들이 옳다고 생각하는 것을 소비자들에게 호소하고 있다.

존슨 앤드 존슨은 이윤을 추구하는 기업의 입장에만 머무르지 않고 자체 시장 조사 등을 통해 소비자들과 활발한 커뮤니케이션을 지속하고 소비자의 의견을 적극 수렴하여 기업 정책 결정 과정에 최대한 반영하고 있다.

타이레놀 사건의 경우 조사 결과 기업의 결백함이 증명되었음에도 불구하고 존슨 앤드 존슨의 즉각적인 제품 회수 명령과 생산 중단 조처 단행 등은 더 이상의 피해를 줄이고 위험에 노출되어 있는 소비자를 보호하기 위한 기업의 책임 있는 자세로 평가되었다.

그 결과 두 번씩이나 인명 피해가 발생하였음에도 불구하고 존슨 앤드 존슨은 빠른 시간 내 기존 시장 점유율을 회복하였으며 지금까지 세계적인 기업으로 명성을 이어오고 있다.

결국 윤리경영은 소비자들에게 존슨 앤드 존슨이 책임감이 강하고 신뢰할 수 있는 기업이라는 이미지를 부각시켰고, 막대한 비용이 들었지만 이로 인해 돈으로는 살 수 없는 소비자의 굳건한 신뢰를 얻게 되었다.

국내에서도 유사 사례가 발생한 적이 있다. 1995년 퓨리티라는 스킨케어 제품에서 유리 조각 같은 결정물이 발견된 것이다. 한국 존슨 앤존슨은 곧바로 제품의 전량 회수와 함께 브랜드 폐기라는 결정을 내렸다.

과오를 덮어 두기보다는 잘못된 점을 적극 개선하고 이를 과감히 실행으로 옮긴 이러한 자세는 '불량만두' 파동을 비롯해 페놀 사건, 우지 파동 등에서 보여 준 몇몇 국내 기업들의 대응 방식과 큰 차이를 보인다.

2장

한국에서 가장 존경받는 기업의 조건

존경받는 기업의 다섯 가지 조건

조건 1 **혁신능력 극대화, 기업 사활적 과제**

2005년 2월 경제 주간지 이코노미스트의 계열사인 이코노미스트 인텔리전스는 전 세계 5백여 명의 글로벌 리더들이 2005년 이후 3년간 급변하는 세계 경제를 진단한 것을 백서 형태로 발표하였다. 이 가운데 유독 눈에 띄는 것은 많은 경영자들이 향후 경영 환경에서 가장 큰 위험 요소로 기업의 혁신 실패를 지적한 대목이다.

혁신이 화두이다. 혁신은 이제 기업의 사활이 걸린 문제가 되었고 대부분의 기업들도 이를 인식, 전력투구하고 있다. 하지만 결과는 제각각이다. 만족스러운 결과를 도출한 기업이 있는가 하면 그렇지 못한 기업들도 많다. 문제는 혁신이라는 전체 숲을 제대로 이해하지 못하고 나무 하나에 매달리고 있다는 것이다. 심지어 어떤 나무를 바꾸고, 어떤 방법을 써야 할지 매사에 갈등을 거듭하고 있다.

김쌍수 LG전자 부회장의 충고는 이 경우 유효하다. "5% 성장이 어려운 상황에서 30% 성장을 이루는 것이 바로 혁신이다. 이를 위해 CEO가 혁신 과정에 능동적으로 나서 조직을 '혁신을 즐기는 문화'로 바꾸는 것이다. 과감한 투자와 적절한 성과 보상 또한 반드시 뒤따라야 한다."

혁신이 성공하기 위해서는 최고경영자의 이해와 관심, 그리고 적극적인 지원과 리더십이 전제되어야 한다는 설명이다. 또한 전 직원들의 공감대 형성과 변화하고자 하는 자발적 의식이 필수이며 성과 보상 등을 포함한 기업 문화가 이를 뒷받침하여야 한다는 것이다.

윤종용 삼성전자 부회장도 "혁신의 목적은 부가가치를 높여 돈을 벌자는 것이다. 혁신 활동도 과제 수가 많다고 좋은 것이 아니다. 성과가 나지 않는 일은 오히려 일거리만 느는 것이다. 일을 위한 일이 되어서는 안 된다. 성과가 나는 일을 하여야 한다. 이를 위해 혁신 목표와 방법을 구체화하고 성과를 평가하는 툴(Tool)과 시스템도 개선하여야 한다."라고 혁신에 대해 조언하였다.

결국 전체 혁신의 범위를 명확히 해야 하며, 혁신하여야 할 전체 대상은 어떻게 구분되는지, 대상별로 어떠한 혁신 기법들이 존재하는지, 각 대상별 목표와 해당 기법들의 장·단점은 무엇인지 등을 분명히 숙지하여야 한다는 것이다.

이를 단계별로 나누어 살펴보면 다음과 같다.

첫째, 진단 및 혁신의 방향을 설정하는 단계이다.

이 단계에서는 시장 경쟁력의 핵심 요소인 브랜드 이미지, 품질, 채널, 가격 경쟁력, 상품력, 고객 관리 등의 위치와 수준을 분석·평가한다. 기업 내부의 핵심 역량 요소인 인사·조직, 정보기술, 프로세스, 지식 및 혁신 문화의 수준 또한 분석·평가하여 새로운 혁신 방향을 결정하는 것이다.

둘째, 시장 경쟁력을 확보하는 과제를 설정하는 단계이다.

이 단계에서는 비전 달성을 위해 시장에서 리더십을 확보할 수 있는 구체적인 방안 즉, 지속성장을 위한 사업 영역의 확대 방안, 고객 니즈에 부합하는 신규 상품의 개발 방안과 고객가치 창출 방안 등을 마련한다.

셋째, 내부 핵심 역량의 강화 단계이다.

이는 기업 내부의 효율적인 경영을 위한 프로세스 최적화, 인적자원 역량 극대화, 지식경영, 정보기술의 구축 등에 대한 방안을 마련하는 단계이다.

넷째, 혁신 성공을 위한 변화관리 단계이다.

새로운 경영 전략에 맞추어 선정된 전략 과제와 세부 실천 과제가 가시적인 성과로 완성되기 위해 지속적인 변화 관리가 요구되는 단계이다.

진단 및 혁신 방향의 설정 단계, 시장 경쟁력 확보 과제 단계, 내부 핵심 역량 강화 단계 및 혁신 성공을 위한 변화 관리 단계 등 4단계로 이어지는 추진 방법이 곧 기업 경쟁력 제고를 위한 통합적 프로세스로서의 총체적 경영 혁신이다.

총체적 경영 혁신을 성공적으로 수행하기 위해서는 체계적인 변화 관리 프로그램의 설계가 필수적이다. 여기서는 변화 혁신의 기반을 조성하는 도입기, 지속적 관리가 필요한 활성화기, 프로그램 완성을 위한 정착기 등 각각의 시기에 따른 전략 수립 및 혁신 대상 범위를 분명히 해서 추진하는 것이 바람직하다.

먼저 변화 혁신의 도입기.

우선 사내 문제 인식과 비전 수립, 단기 성공 체험 등을 통하여 혁신 기반을 조성하는 기본 전략을 수립한다. 이에 따라 변화선도팀을 구성, 즉각적이며 용이한 범위의 문제해결 사례를 발굴, 공유토록 하는데 3개월에서 1년의 기간이 소요된다.

둘째 변화 혁신의 활성화기.

혁신의 전사적(全社的) 확산과 공유를 통해 변화 혁신 체계를 마련하는 것이 이 시기 기본 전략이다. 성공 경험에 대한 공유, 변화 열기 지속화를 위한 환경 조성, 추진 상황에 대한 평가 등의 과정을 통해 변화 추진 활동의 체계화 및 조직화를 추구한다. 이후 상호 성공 경험을 축적하면서 변화가 확산되고 학습 수준(도구)도 업그레이드시킨다. 평균 1년에서 2년의 기간이 소요된다.

셋째, 변화 혁신의 정착기.

혁신 문화의 정착과 새로운 도약을 위한 전략 과제를 시도하는 것이 이 시기 기본 전략이다. 변화 조직으로 정착하고 구성원 모두가 혁신을 일상화하고 더욱 어려운 과제에 도전하는 문화를 조성하는 데 주력한다. 이 시기 또한 평균 1년에서 2년의 기간이 소요된다.

대표적인 경영 혁신의 사례로는 단연 GE가 손꼽힌다. GE는 기업 혁신의 전진 기지로까지 불리는 기업이다. GE의 워크아웃 프로그램은 기존 기업들의 정적이며 관료주의적인 조직 행태에서 벗어나자는 기업 풍토 혁신 운동이다.

우선 3S(Simplicity, Speed, Self-Confidence) 추구를 통해 불필요한 일과 서류 등 관료적인 요소를 제거하여 기업 구성원들의 커뮤니케이션을 원활히 하고 참여 의식을 고취하고 있으며 또 관리자의 경영 스타일을 지시형에서 코치형으로 전환하고, 기업 문화 역시 경영자 주도에서 관리자와 사원 주도형으로 개선해 나가고 있다. 이 운동은 신뢰 구축, 권한 이양, 불필요한 작업 제거, 새로운 패러다임 창출 등이 궁극적인 목적이다.

이를 기업 전반으로 확산하기 위한 타운미팅(Town Meeting)도 실시하고 있는데, 타운미팅은 어떤 문제를 해결하여야 하거나 새로운 아이디어가 필요할 때 직위의 상하나 역할 분담을 막론하고 전 직원이 한 자리에 모여 자유로운 분위기에서 해결점을 모색하는 방식이다.

워크아웃 타운미팅을 바탕으로 지속적인 변화 관리를 위한 GE의 CAP(Change Acceleration Process)는 △변화 주도 △변화 필요성 공유 △비전의 구체화 △참여의 행동화 △지속적인 변화 △모니터링 △시스템 및 조직의 변경 등 일곱 단계로 이루어진다.

혁신을 가속화한다는 의미의 이 프로그램은 변화의 필요성을 제때 인식하고 이에 즉각적으로 반응, 비전을 마련해 실행하는 데 기업이 한 치의 주저함이 없도록 적극 도와 거대기업 GE를 한층 업그레이드하였다.

한국 기업들의 혁신 사례도 적지 않다.

삼성전자는 2004년 순이익 10조원 시대를 열었다. 최근 들어 원화 가치 상승, 고유가, 원자재난 등 위협적인 요소들이 산재해 있는 상황에서 이는 실로 경이적인 기록이어서 그 배경에도 세간의 관심이 집중되고 있는데 요인은 삼성전자의 차별화된 경영 혁신에 근거한 원가 경쟁력과 품질이었다.

삼성전자가 말하는 성공의 핵심 요소는 '6시그마 경영' 이다. 6시그마 경영과 함께 기본이 되는 TPM, 철학으로 승화시킨 TPS가 삼성의 경영 성과를 상승 발전시키고 있다는 설명이다.

KT 역시 40여 명의 임원이 경영 혁신 운동 중의 하나인 6시그마 활동에 참여하여 총 41개의 과제를 직접 수행하고 있는데, 특히 이용경 KT 사장은 전체 임원과제의 챔피언으로서 2004년 8월 현재 약 2백51억원의 재무 성과에 대한 과제 승인을 직접 지휘한 것으로 나타났다. 그 결과 KT는 경영 혁신으로만 1천6백60억원의 직접적인 재무 성과를 이루었다.

포스코의 경우에는 2004년 영업이익이 5조원을 돌파하였으며 순이익도 3조 8천억원을 기록하여 전년 대비 93% 늘어난 것으로 나타났는데, 이는 6시그마 운동을 비롯한 프로세스 중심의 경영 혁신을 지속한 결과이다. 포스코의 프로세스 혁신은 제조뿐만 아니라 경영지원 및 R&D 등 지원 부서 역시 예외 없이 동참, 전사적(全社的) 관점에서 추진된 것이 특징이다.

총체적 경영 혁신을 성공으로 이끌기 위해서는 '참여' 와 신속한 의사결정' 그리고 '실행'이라는 키워드가 그 중심에 굳건히 서 있어야 하며 지속적인 변화를 지향하고 무엇보다 해당 기업에 가장 적합한 변화 혁신 프로그램을 선택, 도입하는 것이 관건이다. 혁신은 마냥 따라한다고 되는 일이 아니기 때문이다.

조건 2 ## 고객가치를 지향하는 기업 문화가 우선

기업은 이익을 창출하여야만 한다. 이 말은 옳은 말이지만 완벽히 그렇다고만도 할 수 없다.

기업은 시장을 창조하는 주체이다. 새로운 가치를 가진 제품이나 서비스를 내놓음으로써 다시금 하나의 시장을 만들어 내는 것이 기업의 목적이므로 기업은 항상 '결정권'을 고객에게 넘긴다.

고객은 기업이 창조한 새로운 제품과 서비스를 구입하여 자신의 필요를 충족시키기 때문이다. 다시 말해 고객은 새로운 제품과 서비스에 대한 만족 정도를 갖고 기업의 존재이유를 뒷받침하는 것이다. 기업의 촉각은 시장을 향해 부단히 움직이고 있지만 기업의 존재이유는 바로 고객 만족에 있는 것이다. 이익은 이런 목적을 달성하는 과정에서 발생한 결과일 뿐이다.

피터 드러커는 기업의 존재이유에 관해 이와 같은 통찰력 있는 시각을 드러냈다. 그의 주장에 따르면 기업의 의미를 결정하는 것은 경영자를 위시한 기업의 관계자가 아니라 바로 고객이 그 주인공인데, 기업이 창조한 제품과 서비스에 대해 기꺼이 대가를 치를 의향이 있는 고객만이 기업을 존재하게 만들기 때문이다.

최근 많은 기업들이 고객서비스 혁신을 통하여 고객만족을 높이기 위해 적극적으로 투자를 할 뿐만 아니라 영업 매출 및 이익 확대와 직결되는 다양한 고객만족 경영 활동에도 골몰하고 있다. 이와 반면에 고객만족경영을 '불황의 탈출 도구' 정도로 인식하고 있는 기업도 적지않게 존재한다.

고객만족경영은 기업이 제공하는 제품 및 서비스에서 고객이 더큰 효용과 가치를 체감하도록 하기 위한 것인데 이는 곧바로 기업의 목적이 되는 동시에 기업 혁신과도 직렬로 맞닿아 있는 셈이다.

그러므로 현재 기업들의 고객서비스 개선 활동은 더욱 고객 만족에 기여하는 방향으로 설정되어야 하며 고객들에게 기존에 경험해보지 못한 전혀 새로운 것을 제공하여 말 그대로 감동의 차원으로까지 이끌어 내야 한다.

우선 이를 위해 기업들은 고유한 서비스 아이덴티티(Service Identity)를 서둘러 구축하여야 한다.

서비스 아이덴티티란 기업이 고객에게 전달하고자 하는 바가 무엇인지를 의미한다. 서비스를 통해 소비자들의 마음속에 심어 주고 싶은 바람직한 연상들이나 서비스 가치와 의미를 가리킨다.

서비스 아이덴티티를 수립한다는 것은 고객에게 궁극적으로 기업의 이미지를 어떤 모습으로 각인시킬 것인가를 결정하는 것인 동시에 서비스에 대한 장기적인 비전을 수립한다는 의미이다.

이때 기업은 반드시 경쟁사와 차별화된 독특한 이미지를 구축하는데 주력해야 하는데, 이미 고객의 머릿속은 넘쳐 나는 수많은 정보들로 인해 극도로 복잡해져 있기 때문이다. 기업 특유의 독특한 그 무엇인가를 고객의 머릿속에 자리 잡게 만드는 노력, 그것이 고객만족

경영의 첫걸음이다.

기업은 고객만족경영을 고객 불만을 해결하는 활동으로 오인하거나 축소하여서는 안 된다.

고객의 니즈는 스펙트럼과 같이 무척 다양해서 불만족에 대한 니즈뿐만 아니라 만족에 대한 니즈, 더 나아가 감동에 대한 니즈도 있을 수 있으므로 고객의 불만족을 최소화하는 소극적인 노력만으로 고객을 지속적으로 만족시키기란 아예 불가능한 일이다. 게다가 경쟁사의 유사 활동으로 고객의 기대 수준이 최고치를 유지하고 있는 상황에서 수동적인 자세는 더더욱 바람직하지 않다.

기업은 고객이 원하는 것에만 눈길을 둔다면 새로운 발전을 기대하기 힘들다. 혁신이란 고객이 생각지 못한 새로운 가치를 만드는 활동임을 인지하여야 한다.

즉 고객만족경영이란 지금까지 없었던 새로운 만족을 적극적으로 창출하는 것을 의미하는데 단순히 기존의 욕구를 향상시키는 것이 아니라 전혀 새로운 만족을 제공할 수 있는 남다른 서비스를 창출하고, 기업의 서비스를 통해서 고객이 예전에는 미처 생각지 못한 가치를 향유할 수 있고 생활 또한 윤택해질 수 있어야 한다.

고객의 정보 획득력이 향상되면서 소비자와 기업 간 정보의 불균형이 해소되었고, 제조물책임법 등 관련 제도가 마련되어 한국 사회는 고객주권 시대로 들어선 지 이미 오래되었다. 기업은 고객만족경영을 통해 고객의 가치를 극대화하는 동시에 기업의 영향력을 보다 확장시켜 나가야 하는 상황이다. 이를 위해서 기업들은 고객의 다양한 니즈를 먼저 파악하고 이에 부응할 수 있는 총체적 고객만족경영에 주력하여야 할 것이다.

현대자동차의 경우에는 2005년 상반기 판매촉진 대회에서 내수 판매와 시장 점유율 2년 연속 50% 초과 달성을 결의하고 이를 위해 △고객을 위한 혁신으로 100% 고객만족 도전 △영업 품질 향상을 통한 고객 신뢰 확보 등 고객만족 활동을 강화하기로 하였다.

2005년 국내 매출 9조원을 목표로 하고 있는 삼성전자도 현장에 밀착된 영업 전략을 펼치기로 하고 디지털플라자 통합 시스템 등을 활용하여 고객만족에 적극 나서기로 다짐하였다. KT 역시 2003년 사장 직속으로 고객만족을 전담하는 품질경영실을 신설하였고 6시그마 활동을 통한 경영 혁신에 본격적으로 뛰어들었다. 이렇듯 기업들은 최근 고객의 불만을 수렴하는 다양한 채널을 확대·강화하고 이를 경영진이 직접 챙기는 등 고객 지향적 경영 혁신에 주력하고 있다.

국민은행의 경우, KB고객만족헌장 선포식을 개최하는 등 고객만족경영을 본격화하고 있으며 국민 모두에게 사랑받는 '고객만족 1등 은행'을 목표로 하고 있다. IT 선두기업인 NHN 역시 세계 10대 인터넷 기업이라는 목적지로 가기 위해 '고객과 사랑에 빠지자'라는 슬로건을 내걸었다.

교보생명은 최고경영자가 CEO 사서함 제도, 신문고 핫라인 등 현장 중심 활동을 일관되게 전개, 전사적(全社的)인 신뢰와 다채로운 고객만족 활동을 주도하고 있다. 삼성테스코도 최고경영자가 직접 예술 경영과 신바레이션이라는 독특한 기업 문화를 기반으로 고객만족경영을 추진, 춘추전국 시대를 방불케 하는 할인점 업계에서 차별화된 경영 전략으로 눈길을 끌고 있다.

하나로텔레콤도 고객만족경영을 위해 최고경영자가 전 임직원을 대상으로 변화 실천 교육과 워크숍을 진행하며 변화와 혁신에 대한 공감대를 확대해 나가는 중이다.

이처럼 최근 총체적인 고객만족경영을 통해 발군의 성과를 거두고 있는 기업들은 다섯 가지 공통점을 가지고 있다.

첫째, 최고경영자가 강력한 리더십을 발휘한다.

전사적(全社的)인 고객만족경영 혁신을 위해 최고경영자가 최일선에서 진두지휘하여 많은 시간과 자원을 투입하는 것은 물론, 교육 및 강연, 워크숍 등 관련한 모든 현장에 최고경영자가 직접 뛰어들어 활동하고 있다.

둘째, 고객만족 경영이 전사적(全社的)인 관점에서 추진되고 있다.

좋은 서비스는 고객을 만족시키면 기업도 만족스러운 경영 성과를 낸다는 선순환의 원리가 고객만족경영에도 고스란히 적용된다. 이러한 고객만족경영의 선순환 구조는 기업의 어느 한 부문 활동만으로는 구현될 수 없는 전사적인 역량 결집이 필수적인 혁신 활동이다.

셋째, 고객관점성과를 평가 시스템에 반영함으로써 기업 문화로 고객만족 경영을 정착시키고 있다.

고객의 만족도는 물론, 내부 고객으로 불리는 기업 구성원의 만족도에 대한 관심이 집중되고 있으며 이는 고객 관점의 성과를 평가하여 기업 구성원의 가치를 인정, 보상하는 형태로 나타나고 있다.

넷째, 고객의 소리(Voice Of Customer)에 대한 관심과 처리가 시스템적으로 구현된다.

고객의 니즈를 파악하기 위하여 대부분의 기업이 고객의 소리를 수집하고 시스템화하여 이를 전략적으로 활용하고 있으며, 고객과 직접 접하는 현장 직원에게 권한을 위임하는 제도적 장치도 보편화되고 있다.

특히 고객의 소리를 수집하는 과정에 고객의 직접적인 참여가 확대되고 있는 점이 최근의 트렌드인데, 이는 각종 정량적인 조사에서 간과할 수 있는 까다롭고 잠재적인 고객의 요구를 놓치지 않고 상품이나 서비스의 기획 단계부터 고객의 소리를 반영하여 고객만족을 극대화하기 위해서다.

다섯째, 사회가치 제고 측면에서도 적극적인 노력을 기울인다.

지난 반세기 동안 기업은 고도 성장을 거듭해 오면서 사회에 대한 기여보다는 이익 추구를 우선시하고 성장 자체를 미덕으로 여겼으나 최근에는 지역사회를 또 하나의 광범위한 고객으로 인식하고 사회에 대한 기여 활동을 보다 적극적으로 수행하고 있다.

조건 3　주주가치 향상을 위한 가치경영

기업은 경영권을 갖고 있는 소수의 '지배 주주'와 경영권은 없지만 다수를 이루는 '일반 주주'로 이루어진다. 이들은 주주라는 공통점에도 불구하고 추구하는 목표는 다소 차이를 보이는데, 지배 주주는 흔히 '업계 1위 달성'라는 구호가 말하여 주듯 기업가치 증진이 최상의 목표인 반면 일반 주주는 높은 배당이 급선무이다. 따라서 이들은 때로 대립하기도 한다.

지배 주주가 투자를 통해 기업의 외형적 성장을 도모하는 것은 기업 경영에서 그리 낯선 일이 아니다. 특히 한국 기업은 과거에 '문어발식 확장'이란 꼬리표까지 붙었던 터라 더더욱 그렇다. 그러나 일반 주주들은 이러한 외형적 성장을 그다지 환영하지 않는다. 당장에 높은 배당을 받을 수 없기 때문이며, 당연히 투자에 소극적일 수밖에 없다.

그렇다면 외국의 경우에는 어떨까. 일본의 도요타는 2004년까지 54년 연속 흑자 배당 기록을 세웠다. 독일의 BMW 역시 40년 넘게 그 기록을 이어가고 있으며, 미국의 사우스웨스트 항공도 30년이 넘는 흑자 행진을 하면서 주가가 무려 2천 배 가까이 뛰어올랐다.

여기서 한 가지 의문이 생길 수 있다. 도요타를 비롯하여 세계 시장을 리드하고 있는 유수의 선진 기업들은 반세기를 이어가며 어떻게 '흑자 배당'이란 결과물을 만들어 냈을까. 투자는 소홀히 해 왔단 말인가. 기업이 시장 창출을 위한 투자를 하지 않고도 어떻게 성장할 수 있었을까.

그 답은 한마디로 주주가치 극대화에 있다. 주주가치 극대화란 말 그대로 주주의 투자 수익률을 최대로 끌어올리는 경영 전략이다. 다시 말해 일반 주주의 '요구'를 적극 수용하는 경영 체제를 가리킨다.

그 대표적인 예가 영국의 캐드베리 쉐프이다. 닥터페퍼와 세븐업 등으로 유명한 음료 및 제과업체인 캐드베리 쉐프는 1990년대 초반까지만 하더라도 코카콜라와 펩시콜라를 따라잡는 것이 일관된 기업 목표였다. 시장에서 1위를 목표로 부단히 시장 점유율 확대를 시도하였으나 그때마다 고배를 마셨다.

1996년 캐드베리의 새로운 경영자 존 선드랜드는 기존의 성장 지향적 경영 전략 대신 가치 창조 경영을 본격 도입하여 회사의 모든 의사결정은 주주가치를 창출하는 방향으로 일관되게 이루어질 것임을 천명하였다. 구체적인 목표로 5년 이내 회사의 주가를 두 배 이상 올리겠다고 발표하였다. 실제로 캐드베리의 주가는 4년 만에 두 배로 올랐다.

한국 기업 역시 이처럼 주주가치 극대화를 이룬 사례가 있다.

국내 제약업계의 중견기업인 한독약품은 도요타에 견줄 만한 기록을 가지고 있다. 장장 47년간 연속 흑자 배당의 기록을 세웠고 한일시멘트와 유한양행도 각각 44년, 43년간 흑자를 내 주주들에게 지속적인 배당을 해 왔다. 또 롯데제과는 38년의 기록을 세웠으며 하나은행과 태평양 또한 각각 34년, 32년이라는 대기록을 달성하였다. 오리온과 삼성전자·삼성정밀화학·삼성화재 등도 30년 흑자 배당 기업에 이름을 올렸다.

6백85개의 상장 기업을 조사한 결과, 기업 실적을 전산으로 집계하기 시작한 1981년부터 2004년까지 24년간 한 해도 거르지 않고 흑자 배당을 한 기업은 모두 38개 사에 달하였다. 이들은 한국 경제가 부도 위기를 맞은 외환 위기 당시에도 흑자 배당을 멈추지 않았다. 이들 기업이 24년 간 주주들에게 분배한 배당금 총액은 모두 6조7천억원에 이른다.

이들 기업의 이름을 모두 밝히는 것이 나름의 예우일 것이다. 29년간 흑자 배당을 한 기업은 중외제약·삼부토건·성보화학·농심·샘표식품·삼천리 등 6개 사이며 28년 기록을 가진 기업은 롯데칠성음료·신영와코루 등 2개 사이다. 남양유업은 27년간, 삼성SDI는 25

년간 기록을 이어왔다. 대림산업 · 건설화학공업 · 동아제약 · GS건설(구 LG건설) · 동일고무벨트 · 경농 · 금강고려화학 · 한국주철관공업 · 대성산업 · 대한제분 · 한국석유공업 · 조선내화 · BYC · 삼영전자공업 · 대웅제약 · 현대약품공업 · 고려제강 · LG 등 18개 사는 24년간 흑자를 달성하였다.

꾸준히 흑자를 내온 만큼 이들 기업의 주가 역시 그동안 크게 오르고 외형도 급성장하였다. 태평양과 롯데칠성은 1995년에 비해 주가(액면분할 등을 감안한 실질주가)가 10배 이상 뛰었다. 주가가 2배 이상 오른 기업도 삼성전자 · 오리온 · 대림산업 등 12개 사나 되었다. 1981년 이후 연속 흑자 배당을 지속한 38개 기업의 매출 규모는 같은 기간 동안 평균 13배 이상(금융업 제외) 급증한 것으로 조사되었다. 이중 삼성전자 · 삼성SDI · GS건설 등 3개 사는 매출이 무려 30~100배 증가해, 같은 기간 14.8배 성장한 한국 경제와 크게 대조적이었다.

이러한 결과는 한국 기업의 실체를 적나라하게 보여 준다. 24년 이상 흑자 배당을 한 알토란같은 기업을 여럿 보유하고 있다는 것은 가슴 뿌듯한 일이지만 그간 화려한 명성과 덩치를 자랑하던 재벌 기업들의 경우 몇몇 기업을 제외하고서는 거의 명단에 올라 있지 않다. 24년간 흑자 배당을 한 38개 사는 같은 기간 상장되었던 1천여 개가 넘는 기업들 가운데 불과 4%에 해당하는 것이다.

여기에는 나름대로의 이유가 있다. 1997년 말의 외환 위기와 그에 이은 IMF 구제 금융 시대를 거치기 이전까지 한국 기업들에게 주주 가치라는 개념이 전무하였기 때문이다.

이는 주주 입장에서 보면 실질적인 기업가치를 나타내는 지표인 경제적 부가가치(Economic Value Added)를 통해 확인할 수 있다. 수익성을 나타내는 투하자본이익률(ROIC)이 1986년 10.2%를 나타냈으나 외환 위기 직전인 1995년에는 5.7%로 떨어졌다. 10년간 평균도 7.9%에 머물렀다. 반면 투자한 자본을 가리키는 가중평균자본비용(WACC)은 동일한 기간 평균 14%를 기록하였다. 한마디로 투자한 금액의 절반밖에 건지지 못하였다는 것이다. 대부분의 기업이 주주에 대한 적정 보상은 고사하고 차입금에 대한 이자비용도 제대로 벌어들이지 못하였고, 결국 빚을 끌어다 기업의 외형을 키우는 일에만 급급하였다는 결론에 이르게 된다. 이런 상황에서 기업은 일반 주주의 이익에 눈을 돌릴 여유가 없었다.

그러나 외환 위기 이후 상황은 급변하였다. 기업들이 주가 안정을 목적으로 한 자사주 매입을 부쩍 늘리고, 기업들의 자사주 매입 이상으로 배당도 증가하였다. 마침내 2003년, 상장법인의 배당금 총액이 7조원을 넘김으로써 38개 기업이 24년간 주주에게 분배하여 온 배당금 총액을 조금 앞질렀다. 결국 외환 위기가 한국 기업의 지배구조 개선에 상당한 공헌을 한 것이다.

한국 기업들은 앞으로도 갈 길이 멀었다. 우선 주주가치 중심의 기업 문화를 정착시키고 고수익 전략을 통해 주주가치를 지속적으로 높여 나가야 한다. 이를 위해서는 기업의 이익 구조를 보다 정교히 하는 작업이 반드시 전제되어야 할 것이다.

급변하는 경영 환경 속에서 과거와 같이 부채에 의존하여 기업을 운영하는 것은 지극히 위험한 일이다. 기업의 투자 재원은 기업 내부 자금이며, 이는 일반 주주들이 자신의 부를 미래로 이전시켜 준 결과

물이다. 따라서 기업들은 선택과 집중에 의한 투자의 효율화에 보다 치밀해야 할 것이다. 기업의 진정한 지배자는 바로 일반 주주이기 때문이다.

조건 4 종업원의 권리를 존중하는 기업

한국 기업 안팎에 던지는 화두 가운데 하나가 종업원이 존경받고 있는가라는 물음이다. 그러나 이 물음은 곧바로 수정되어야 한다. 현 시점은 존경 유무를 묻고 확인할 만큼 한가한 상황이 아니기 때문이다. 현 시점에서 종업원은 무조건 존경받아야만 한다. 그 이유는 외환 위기 이후 경영 환경이 급변하였기 때문에 더더욱 그러하다.

경쟁 상대가 초일류 다국적 기업들로 바뀐 오늘날 한국 기업들은 새로운 고비를 맞고 있다. 기업들은 저마다 기존의 확대 지향적 성장 전략을 포기하고 선택과 집중을 통해 역량을 강화하고 시장을 중시하는 전략으로 궤도를 전면 수정하였다. 경영의 목표 또한 매출 중심에서 이익 중심으로 전환됨에 따라 비용 절감과 영업력 혁신이 경영에 중요한 과제가 되었다.

이에 따라 최근 기업 내부에서는 자연스럽게 인적 자원의 중요성이 급부상하고 있다. 급변하는 경영 환경에 유연하게 대처하기 위해서는 적절한 경영 전략을 수립·입안하고 실행할 인재, 다시 말해 기업의 종업원이 바로 기업의 핵심 요소로 떠오른 것이다.

세계 경제가 무한 경쟁 체제로 돌입한 상황에서 기업이 경쟁 우위를 유지하고 지속적으로 성장하기 위해 새로운 경영 환경의 변화에 유연하게 적응할 수 있는 인력의 중요성이 강조되는 것은 너무나 당연하다. 글로벌 경쟁력 극대화로 가는 첩경은 바로 우수한 종업원을 통해 비교우위를 확보하는 것이기 때문이다.

변화를 좇는 것이 아니라 민첩하고 유연하게 스스로 변화를 주도하여 여건을 유리하게 만들어 나가는 것이 매우 중요한 시점이며, 기업의 생존은 변화에 대한 노력 여하에 달려 있다고 해도 과언이 아니다. 이는 기업 특정인의 몫이 아니라 종업원 전체가 공감하고 실행하여야 가능한 일이다.

최근 들어 많은 기업들이 조직체의 자산 가치를 높이기 위해 우수 인력을 확보하고 이를 아끼고 효과적으로 활용하며 항상 높은 가치를 유지하도록 노력하고 있다. 이러한 움직임은 인적 자원이 곧 투자 자원으로서 가치를 지닌다는 것을 의미한다. 이와 같은 관점 변화는 인적 자원의 잠재력을 개발함으로써 자산가치와 조직의 부를 증대시키는 효과를 가져온다.

글로벌 경제를 이끌어 가고 있는 세계적 기업들은 종업원 자신의 모든 물리적, 지적 자원을 기업에 투입할 수 있도록 먼저 환경을 조성하고 종업원은 이를 바탕으로 보다 신뢰 수준이 높고 경쟁력 있는 제품과 서비스로 고객에게 보답하는 시스템을 갖추고 있다.

IT 업계 굴지의 기업인 SAS 굿 나이트 회장의 "직원은 존경받을 권리가 있다"는 한 마디가 상당한 의미로 와 닿는다.

SAS는 종업원에 대한 다양하고도 세심한 배려 프로그램을 갖춘 기업으로 유명한데, SAS의 프로그램들은 단순한 복리후생 수준의 지원을 넘어 종업원의 창의성을 키우고 종업원가치를 제고하는 데 초점이 맞추어져 있을 정도이다. 인적 자원을 투자 자원으로 철저히 인식하고 전략적 자원화를 이룰 수 있도록 집중적이며 총체적인 투자를 하고 있는 것이다.

SAS는 종업원이 내 집 같은 편안한 분위기에서 창의성 계발에 몰두할 수 있도록 세계적 수준의 편의 시설과 의료 시설, 개인별 지원 제도 등을 완비하고 있다. 공장을 공원으로 착각할 정도로 조경에 신경을 썼으며 탁아 시설과 피트니스 센터 등 각종 편의 시설을 완벽하게 갖추었다. 의료 시설의 경우 내·외과는 물론 가정의·물리치료사·마사지사 등 각 분야의 전문 의료인을 따로 두고 있다. 심지어 업무에 열중하다 늦게 퇴근하는 경우를 대비, 집에 가서 손쉽게 요리할 수 있는 저녁식사 재료를 준비하여 주는 별도 프로그램까지 갖추고 있을 정도이다.

존경받는 기업은 존경받는 종업원에 의해서 만들어진다. 종업원이 존경하는 기업이야말로 기업가치의 원천이므로 창의성 계발을 극대화한 직무 환경을 만드는 일이 무엇보다 중요하다. 그 결과는 곧바로 종업원들이 손수 만들어 가는 '존경받는 기업' 의 모습으로 구체화될 것이다.

TD 인더스트리는 본사 건물 외벽에 '종업원이 소유한 회사(An Employee-Owned Company)' 라는 문구까지 커다랗게 새겨 넣었다. 특히 기업의 설립자인 잭 로웨 시니어 회장은 종업원을 회사의 리더로 성장시켜야 한다는 신념 아래 다양한 프로그램을 펼치는 것으로도 유명하다. 그 중 하나가 '조찬 대화 시간(Employee Round Table)' 인데, 종업원과 격의 없는 대화를 하기 위해 아예 참석자를 무작위로 선발하고 있다.

종업원을 존경하는 기업은 종업원의 적극적인 참여를 유발하는 비전을 가진 기업이며 또한 영업력 혁신을 포함한 기업 혁신 전반을 선도적으로 실천하는 종업원을 보유한 기업이다. 이는 기업과 종업원 사이의 상호 신뢰, 고객만족을 실현시켜 주는 경쟁력 높은 제품과 서비스 등을 동시에 안겨 주는 매력적이면서도 현실성 높은 방안이다.

이처럼 존경받는 기업으로서 종업원의 가치를 제고하기 위해서는 종업원에 대한 경영자의 인식 및 역할이 변화되고 기업 문화로서 정착되는 것이 가장 중요한 전략적 조건이 된다.

경영자는 우선 종업원가치 중심의 비전을 세우고 종업원이 기업경쟁력을 극대화하는 가장 중요한 자원임을 깊이 인식하고 종업원가치를 극대화하기 위한 다양한 프로그램을 종업원들과 함께 정착시켜 나가야 한다. 이를 위해서는 권위나 직급간 차별을 지양하고 수평적 차원에서 기업이 추구하는 비전을 공유하는 자세가 요구된다.

경영자는 학력, 경력 중심의 단순한 인적 자료가 아닌 종업원이 좋아하는 것, 하고 싶은 것, 잘 하는 것 등 종업원 개개인에게 특별한 관심을 가져야 하는데, 종업원 개개인이 갖고 있는 사고방식과 창의력 등은 무한한 잠재력의 근원이며 기업이 비전을 지향하는 데 기초 자원이 되기 때문이다.

또한 종업원의 지식을 기회 자원으로 인식하고 이를 자원화하기 위해 잠재 지식의 축적을 도와야 하며, 종업원의 지식 잠재력을 결국 기업에 대한 기여 능력으로까지 이끌어 낼 수 있어야 한다.

경영자는 종업원의 특성과 잠재력, 가능성 등을 실현하기 위해 진두지휘하면서 확고한 기업 문화로 정착시켜 이를 뒷받침하고, 과학적 평가 시스템을 비롯하여 지원과 협력 중심의 조직 체계 등을 통해 기업 혁신의 기본 동력이 되도록 하여야 한다.

또한 종업원을 존경하는 환경과 문화가 정착되어야 하는데, 직급상 또는 직무 구조상 연관성 중심의 계층은 존재하되 인간적인 상호 존중의 분위기를 형성해 기업의 비전 지향적 가치를 창출할 수 있도록 수평적 지원과 협력 중심의 조직 체계로 혁신되어야 할 것이다.

종업원의 가치를 제고하려면 이들에 대한 올바른 평가가 선행되어야 한다. 대부분의 종업원은 제품 및 서비스를 매개로 고객가치 실현에 기여하게 된다. 따라서 이들에 대한 평가 역시 제품 및 서비스에 대한 시장가치, 미래의 기대가치를 기준으로 과학적으로 혁신되는 것이 마땅하다.

포스코의 경우에는 2005년, 직원들에게 지속적인 학습 기회를 제공해 삶의 질을 높이고 직무 역량을 획기적으로 개발하기 위하여 '평생학습제'를 도입하였다.

이는 근무일 중 부서별 인력 여건, 직원 니즈(needs) 등을 감안해 연간 10일 정도의 평생학습일을 지정, 자기계발이나 직무 수행 능력을 향상시키기 위한 학습 프로그램에 참가하는 방식이다. 회사는 평생학습 지원 조직 구성, 학습 지도 및 강사 역량 배양 프로그램을 운영해 강사 양성, 현장 강의 시설 완비, 평생학습 포털 사이트 개발 등 평생학습 지원 인프라를 구축하고 있다.

이 프로그램은 △비즈니스 매너, 취미 강좌, 독서 토론, 전시회, 문화 체험 등을 위한 교양 문화 학습 영역 △6시그마 · 변화관리, 윤리의식 함양과 같은 기업가치 공유 학습 영역 △전문 자격 취득이나 문제해결 워크숍 등 직무역량 학습 영역 등으로 구분된다.

이와 같은 학습 프로그램을 운영하는 것은 포스코만의 사례가 아니다. 유한킴벌리는 아예 기업의 경영 방침을 윤리경영, 환경경영, 평생학습 체제 구축 등으로 표방하고 있다.

삼성SDI 또한 찜질방에서의 CEO 간담회, 사랑의 카드 보내기, 칭찬 퍼레이드 등 다채로운 프로그램을 통해 전사적(全社的) 차원에서 직원들이 신나게 일할 수 있는 일터를 제공하고 있다. 성년을 맞는 사원에게 사장이 직접 말하는 곰 인형을 선물하기도 하였는데, 버튼을 누르면 "SDI의 미래 주역인 여러분들의 성년을 축하하며 책임과 의무를 다하는 진정한 SDI의 희망이 되어 주길 바랍니다"라는 사장의 목소리가 흘러나왔다. 삼성SDI의 모토는 '꿈을 줄 수 있는 기업' 이다.

LG전자는 직원의 역량 성과에 대해 충분히 보상하는 기업이다. LG전자는 해외 R&D 석·박사 인력을 포함하여 2005년도에 2천7백 명의 R&D 인력을 신규로 확보, 전체 R&D 인력을 1만3천 명으로 대폭 확대하기로 하고 여기에 1조8천억원을 투자할 방침이다.

특히 전문 인력들의 활동을 제고하기 위해 연봉 격차가 5배 이상 넘나드는 파격적인 인센티브 제도를 실시하고 있는데, 이는 연봉 인상 수준의 34%에 달하며 실수령액 기준으로 평균 1천만원 이상 증가해 동종 업계 최고 수준이라고 할 수 있다.

특히 LG전자는 기존의 제몫 찾기, 제몫 지키기 중심의 수직적 노사 관계가 아니라 경쟁력 제고와 삶의 질 향상을 위한 '제 역할 다하기', '제자리 지키기'에 노력하는 수평적 관계를 경영자와 직원들이 함께 일구고 있다.

한독약품도 역시 '상호 신뢰와 존경으로 공통분모를 넓혀 가는 과정'이란 경영 철학으로 30년간 무분규의 모범적인 노사 관계를 유지, 제약업계 최초로 주 5일제와 선택형 복리후생 제도를 도입하는 등 인재에 대한 중요성을 실질적 경영 활동에 반영하고 있다.

조건 5 사회 이익을 위해 행동하는 기업으로

한국에서 '기업'이라는 명사와 '존경'이라는 명사를 나란히 놓는다는 것은 참으로 어려운 일이다. 과거 정경유착이란 조어에서 볼 수 있듯이 기업에 대한 일반 국민들 사이의 인식은 이제까지 정치 자금과 그에 따른 특혜 시비, 자금 유용과 회계 부정 등 많은 부정적인 이미지들로 점철되어 온 것이 사실이기 때문이다.

그렇다면 과연 한국 기업들은 국민들로부터 지탄만 받을 만큼 자신의 이익에만 열중해 왔는가? 그럼 우선 언론에 공개된 몇몇 사례를 살펴보도록 하자.

삼성은 1994년부터 그룹 차원에서 사회봉사단을 조직, 소속 기업 직원의 자원봉사 활동을 체계적으로 지원하고 있다. 2004년에는 복지 사업에 1천1백억원, 학술교육 분야에 1천5백억원, 문화예술 분야에 7백억원, 체육 및 국제교류 분야에 2백억원 등 총 4천억원을 지원하였다.

그룹이 펼치는 각종 사회봉사 프로그램에는 대부분의 임직원들이 자원하여 참여하고 있다. 특히 이건희 회장이 직접 나서 "사회공헌을 하지 않는 기업은 망하게 될 것"이라며 이를 적극 독려하고 있다.

LG 역시 마찬가지이다. 사회 공헌을 위해 분야별로 전문화된 문화·복지·교육·환경·언론 등 5개 공익 재단을 두고 적극적인 활동을 펼치고 있다. 2004년 한 해에만 8백40억원을 투입, 이들 재단의 사회 참여를 뒷받침하였고, 사회공헌 활동에 협력회사 도 참여할 수 있도록 별도의 '협력회사 지원 센터' 까지 운영하고 있다.

교보생명도 2000년 '교보인 윤리헌장' 을 제정하고 사회공헌 활동에 다양하게 참가하고 있다. 2002년 '교보 다솜이 사회봉사단' 을 창단, 메세나 운동을 개시하는가 하면 대산 농촌문화재단, 교보생명 교육문화재단 등을 설립해 사회적 책임 이행에 전력을 다하고 있는데, 지역 전통문화 행사 지원, 교보사랑 나누기 마당 등이 구체적인 시행 사례이다.

현대자동차는 해외 현지 경험을 통해 사회공헌 사업이 경영의 성패에 중대한 영향을 미친다는 사실을 확신하고, 그동안 계열사별로 실시하던 각종 사회공헌 활동을 그룹 차원으로 일괄 통합하였다. 이와 함께 그간 펼쳐 온 저소득층 지원에 보다 주력하고, 협력업체 지원 사업 등에도 향후 매년 1조 6천억원 가량을 지원한다는 방침이다.

한편 SK는 장학사업 등을 통해 오래도록 사회공헌 활동을 지속해온 기업이다. 사회공헌을 경영 활동의 일부로 실천하며 2004년에는 1천5백억원 이상을 장학 사업에 사용하였다.

특히 이들 기업 가운데 20여 년째 '우리 강산 푸르게 푸르게' 운동을 펼치고 있는 유한킴벌리는 기업 사회공헌 활동의 '표준' 으로까지 평가받고 있다.

유한킴벌리는 당초 숲 보호 활동의 일환으로 초 · 중 · 고교에 숲이 있는 학교 만들기 운동을 펼쳤는데 곧 숲의 교육적 활용, 도시 녹지 확보 등의 이슈가 지역 사회로 전파되면서 차츰 지역 커뮤니티까지 형성하게 되었다. 이 운동은 곧 시민단체, 지방자치단체, 정부기관 등이 총망라된 전국적인 환경보호 운동으로 확산되어 굳건히 자리 잡게 되었다.

이들 사례에서 볼 수 있듯이 한국 기업들이 사회공헌의 중요성을 결코 간과하지만은 않았다는 것을 알 수 있다.

최근 많은 기업들이 사회공헌 활동에 나서고 있는데 이 기업들에게는 공통점이 있다. 해외에 진출한 대기업일수록 사회공헌을 신속하게 기업 문화로 수용하고 있다는 것이다.

이들 기업이 지속가능 경영을 위해 사회공헌 활동을 더 이상 간과해서는 안 된다고 판단하여 기업별 사회봉사 활동을 체계화하고 이를 더욱 확산하기 위해 그룹 경영의 일부로 통합 운영하려는 움직임은 매우 바람직하고 고무적인 현상이다.

그러나 아직도 상당수의 한국 기업들은 사회공헌을 마케팅 활동의 일부로 제한하려는 경향이 강하다. 사회공헌 활동을 해당 기업의 단점을 가리고 메우는 방편으로 활용하고 있는 것이다.

여기서 마크 고이더가 내놓은 기업의 사회적 책임에 대한 두 가지 유형을 숙고해 볼 만하다. 이들 유형은 '순응적 사회적 책임'과 '신조 및 가치관 주도형 사회적 책임'으로 구분된다.

순응적 사회적 책임이란 기업 외부의 요구에 따라 기업이 윤리강령, 지역사회 프로그램, 환경경영 체제 등을 구축하는 것을 가리킨다. 이들 기업은 외견상 사회적 책임에 대하여 깊이 인식하고 있는 것으로 비쳐지나 정작 경영자의 가치관과 경영이념이 뒷받침되지 않은 경우이다.

이에 반해 신조 및 가치관 주도형 사회적 책임은 기업 스스로가 주요한 사회적 이슈에 적극적이며 이를 해결하는 데 헌신적인 경우를 지칭한다. 심지어 이들 기업 경영자들은 주주의 이익을 대변하는 대리인이 아니라 사회 전체의 이익을 대변하는 대리인임을 자임하는 정도이다.

대부분의 기업들은 반문할 수도 있다. 고객의 마음을 살 수 있는 사회적 이슈에는 쉽게 동참할 수 있지만 기업의 속성상 사업과 수익을 저해하는 사회적 이슈에는 소극적인 것이 당연하지 않느냐고 말이다.

이에 대한 대답은 몇몇 기업인들이 행동으로 보여 주었다. 미국 부시 대통령 정부가 집권 초기 재산세 인하 방침안을 내놓자 조지 소로스를 비롯하여 마이크로소프트의 빌 게이츠, 인텔의 고든 무어 등 세계적인 재벌 기업주들이 일제히 반대 입장을 밝혔다. 더 나아가 이들은 "상속세를 더 많이 거두어 부의 대물림 현상을 막아야 한다"고 주장하였다.

빌 게이츠는 지난 몇 년간 세계의 가난하고 병든 사람과 어린이들을 위해 재산의 절반이 넘는 2백50억 달러를 기부하였다. 조지 소로스 역시 재산의 68%인 24억 달러를 내놓았고 고든 무어는 아예 재산의 1.5배에 가까운 70억 달러를 쾌척하기도 하였다. 자신이 갖고 있는 재산보다 더 많은 액수를 기부한 아메리칸 센추리의 창업자 제임스 스토워스도 마찬가지다. 그는 재산의 2.7배에 해당하는 13억4천5백만 달러를 사회공헌기금으로 기증하였다.

　이들이 여느 부호의 '쾌척' 사례와 구분되는 점은 개인의 기부 활동에 그치지 않고 기업경영 전반을 사회공헌 활동과 궤를 같이하게끔 기업 문화로 정착시켜 놓았다는 사실이다. 사회공헌도가 높을수록 브랜드 이미지가 높게 나타난다는 것은 글로벌 기업에게서 한층 두드러지는 특징이다. 그리고 이는 빌 게이츠를 위시한 이들이 일구어 낸 기업의 진로에 관한 구체적인 성과이다. 우리는 이들의 경영철학에 주목한다. 봉사하는 기업만이 살아남는 시대가 도래한 지는 이미 오래이다.

국내기업 - 사례연구

■ 삼성전자

>>> 브랜드가치 상승률 세계 1위 기업

삼성전자는 세계 경쟁력을 갖춘 초일류 기업으로 도약하기 위해서는 변화를 바탕으로 한 경영 혁신과 고객만족을 바탕으로 한 제품 생산이 중요하다는 판단 아래 창사 이래 지금까지 많은 노력을 기울이고 있다. 이와 같은 꾸준한 노력으로 현재 한국과 아시아는 물론 세계에서도 경쟁력을 갖춘 기업으로 변모하였다.

"경영은 경영 혁신의 연속이어야 한다. 경영 혁신은 변화로부터 시작하는 것이다. 변화는 의식의 변화, 즉 의식 개혁으로부터 시작하여야 한다. 변화하지 않으면 살 수 없다. 지구상에 살아남은 생물은 '강한 자'가 아니라 '환경에 잘 적응한 자'이다."

"21세기 초일류 기업을 달성하기 위해서는 초일류 기업답게 조직 분위기를 쇄신하여야 하며 지금까지의 타성과 낡은 제도에서 벗어나 변화에 보다 능동적으로 대처할 수 있는 창조적이고 자율적이며 도전적인 기업 문화를 조성하여야 한다."

이는 윤종용 부회장의 경영 어록 중 일부이다. 윤종용 부회장의 말에서 경영 혁신과 일등 제품에 대한 삼성전자의 의지와 목표가 명확하게 엿보인다. 삼성전자의 이러한 각고의 노력은 대외적인 위상에서도 잘 입증된다.

2005년 2월 삼성전자는 한국 기업으로는 처음으로 미국의 경제전문 주간지인 포춘이 선정한 세계 50대 '글로벌 올스타 기업'에 진입하는 성과를 일구어 냈다. 포춘이 발표한 '세계에서 가장 존경받는 기업' 가운데 최상위권 50대 기업을 일컫는 '글로벌 올스타 기업'의 39위에 삼성전자가 선정된 것이다.

포춘 지는 세계적 기업의 최고경영자와 임원, 애널리스트에 대한 설문 조사를 토대로 기업을 평가하고 매년 글로벌 올스타 기업을 선정하고 있어 더욱 의미가 깊다. 포춘은 매년 '세계에서 가장 존경받는 기업'을 선정하면서 매출액이나 시가총액 등 기업의 외형뿐 아니라 △기업의 혁신성 △핵심 인재 확보 수준 △장기적 투자 가치 △제품 또는 서비스 수준 △사회적 책임 이행 △경영 수준 △글로벌화 등을 철저히 평가한다.

포춘은 "한국 기업으로는 처음 순위에 포함된 삼성전자는 세계 최대의 메모리 업체이자 세계 3위의 휴대전화 업체로 가장 많은 이익을 내는 전자업체"라며 "값싼 전자제품 생산 업체에서 최첨단의 글로벌 기술 선도 기업으로 변신하였다"고 평가하였다.

삼성전자가 포춘이 선정한 '글로벌 올스타 기업'에서 39위를 차지한 것은 한국의 대표 기업이 드디어 세계 수준에 올라섰다는 것을 입증하는 상징적 '사건'으로 받아들여지고 있다.

삼성전자는 이에 앞서 아시안 월스트리트 저널(AWSJ)이 선정한 2004년 우수 다국적 기업 순위에서도 11위에 오르는 놀라운 저력을 보여 주었다.

아시안 월스트리트 저널은 삼성전자의 성공 요인을 메모리칩이나 평면 스크린 등 다양한 핵심 부품 시장에서 지배적인 위치를 차지한 점과 혁신적이고 우수한 제품을 자체 브랜드로서 개발한 것으로 분석하였다.

2004년 매출 57조6천억원과 사상 최대 순이익 10조 8천억원을 달성하면서 세계 일류기업과 견줄 수 있는 토대를 구축하였다. 특히 2004년에는 주력 사업부문의 고른 성장으로 순이익 1백억 달러 시대를 열었다.

삼성전자는 1997년 이후 IMF 체제하에서 뼈를 깎는 구조조정을 통해 도약의 발판을 마련한 이래, 지속적인 경영 혁신 활동을 추진한 결과 1999년 이후 안정적인 재무 구조와 흑자 기조를 유지하기 시작

고객들로부터 받은 사랑을 사회에 다시 환원한다는 삼성전자의 방침은 사회공헌 활동에 그대로 나타난다. 사진은 독거노인을 위한 '사랑의 도시락' 배달 활동 모습.

삼성전자는 양로원, 고아원 등을 방문하여 '나눔데이' 봉사활동을 펼치고 있다.

하였고, 마침내 2004년 반도체, 통신, LCD 등 주력 사업 부문에서 모두 2003년 대비 높은 성장세를 기록하여 '순이익 1백억 달러 시대'를 열었다.

2003년 전 세계에서 9개 기업만이 순이익 1백억 달러를 달성하였고, 그 가운데 금융과 석유화학을 제외한 순수 제조업체는 1개 기업에 지나지 않는 점을 고려할 때, 삼성전자는 이제 명실공히 글로벌 기업의 반열에 올라섰다고 할 수 있다.

또한 미래 핵심 경쟁력 확보를 위해 투자를 확대한 것도 눈에 띄는 부분이다. 급변하는 21세기 디지털 시대를 이끌 기업의 핵심 경쟁력인 인재, 기술력, 브랜드의 세 가지 핵심 요소를 확보하기 위한 투자를 지속적으로 확대하였다. 먼저 핵심 우수 인재 확보를 위해 노력한 결과 현재 1만 명 이상의 석·박사급 인력을 확보하였고, 전체 인력 중 R&D 전문인력이 30% 이상을 차지하고 있다.

이러한 우수 인력을 바탕으로 차세대 핵심 기술력을 확보하기 위한 시설 및 R&D 투자를 지속하여 세계 최초로 8기가 나노 플래시 개발과 DRAM 60나노 상용화를 실현하였으며, TFT-LCD 7세대 라인을 세계 최초로 건설하여 본격적인 제품 생산을 앞두고 있다.

또한 브랜드 인지도를 제고하기 위해 다양한 마케팅 활동을 추진하고 특히 2004년 하계 아테네 올림픽의 공식 파트너 역할을 성공적으로 수행한 노력의 결과 비즈니스위크지가 인터브랜드 사와 공동으로 시행한 조사에서 삼성전자는 브랜드 가치 1백26억 달러로 세계 21위에 선정되는 등 최근 3년간 브랜드 가치 상승률 세계 1위 기업이 되었다.

'지구촌 이웃에게 사랑과 나눔을' 실천하고 있는 삼성전자. 사진은 해외 학교 지원 사업.

베트남 심장병 어린이 돕기 운동을 펼쳐 현지 국민들에게 사랑을 전했다.

주주가치 증대를 위한 경영을 보다 적극적으로 실천한 부분도 빼놓을 수 없다.

삼성전자는 2004년 상반기에 이미 2003년 수준을 초과하는 이익을 창출하여 이익의 주주 환원 차원에서 주당 5천원의 중간배당금을 지급하였고, 추가로 주당 5천원의 연말 배당금 지급을 결정하였다.

기업가치 제고를 위해서는 상반기와 하반기 2회에 걸쳐 약 4조원의 자사주 매입을 실시하는 등 순이익의 총 50%를 주주 환원에 사용하였는데, 이는 사상 최고 실적에 걸맞은 주주가치 증대를 위한 노력의 한 사례로 인정된다.

이러한 주주중시 경영이 높이 평가받아 IR 매거진, 인스티튜셔널 인베스터, 파이낸스 아시아지 등 국내외 유수 기관으로부터 업계 최고 기업으로 선정되기도 하였다.

삼성전자는 국내외 위상에 걸맞게 사회공헌 활동도 활발히 하고 있는데, 이는 고객에게 받은 사랑을 사회에 다시 환원한다는 회사 방침에 따른 것이다.

삼성전자의 사회공헌에 대한 기본적인 경영 철학은 도덕성을 바탕으로 한 이른바 '상생의 정신'으로, 다 같이 잘 사는 사회 창조를 지향하는 것이다. 최고경영자는 물론 임직원 모두가 인류사회 발전에 기여하기 위한 '상생의 정신'을 매우 중요한 기업의 도덕적, 윤리적 가치로 받아들이고 있다.

삼성전자는 사회공헌을 기업 경영의 핵심적 경영 요소로 인정하고 1993년부터 활발한 활동을 전개 중이다. 그동안 재단 중심으로 펼쳐왔던 사회공헌 활동을 삼성전자와 국내외 사업장이 주체가 되어 '임직원이 모두 참여하는 생활의 일부'로 방향을 전환하였다.

1995년에는 장애우, 환경보전, 정보화 사회 등 세 가지 분야를 삼성전자의 대표적인 공헌 활동 분야로 선정하였고, 이 외에도 청소년 지원사업, 문화예술 지원, 학술교류 사업 분야에서도 공익 기업으로서의 책임과 의무를 다하기 위하여 다양한 사회공헌 활동을 펼치고 있다.

1998년에는 기존의 이벤트성 지원보다는 소외계층의 재활과 사회 참여를 돕기 위한 활동에 중점을 두고 시각장애인 컴퓨터 교실 운영, 장애가정학생 대상 장학금 지급 사업 등을 실시하여 호평을 받았다.

특히 각 사업장별로 지역사회의 결식아동을 돕기 위한 '결식아동 돕기 결연 사업'을 활발하게 펼쳐 해당 지역사회와의 협력 체제를 더욱 확고히 하고 지역 환경 개선에 크게 기여하였다.

또한 미래 꿈나무인 청소년들의 과학 탐구 능력 함양을 위한 '학생 과학 탐구 올림픽 대회'를 과학 교육단체와 함께 매년 개최하고 있으며, 청소년들의 창의력을 높이기 위해 '창의력 올림피아드'도 정부기관인 특허청과 공동으로 실시하고 있다.

환경 친화 기업으로서 기업의 책임을 다하기 위해 지역사회 내 1사 1산, 1사 1하천, 1사 1공원 등을 정하고 매월 정기적인 생태계 복원화 활동도 사업장별로 추진 중이다.

■ 유한양행

>>> '노블레스 오블리주'
실천하는 대표 기업

유한양행은 독립운동가이자 사회사업가인 유일한 박사가 '건강한 국민만이 잃었던 주권을 되찾을 수 있다' 는 신념으로 1926년에 설립한 민족기업이다.

유한양행은 창업 이래 기업을 통한 사회봉사 정신을 바탕으로 성장, 발전해 왔다고 해도 과언이 아닐 만큼 이 분야에서 독보적이라 할 수 있다. 유한양행이 지금까지 국민 모두에게 사랑받아 온 가장 큰 이유는 바로 '기업이 얻은 이익은 그 기업을 키워 준 사회에 환원하여야 한다' 는 기본 정신을 실천하고 있기 때문이다.

유한양행 일가는 2대에 걸쳐 이른바 '노블레스 오블리주(높은 신분에 따른 도덕적 의무)' 를 실천한 것으로 유명하다. 창업자 고(故) 유일한 회장은 1971년 유명을 달리하면서 전 재산인 유한양행 주식 36만 주(현재 시가 2천4백억원)를 사회사업과 교육사업에 써달라고 유언장을 썼다. 아들에게는 "대학까지 공부 시켰으니 앞으로 자립해서 살라"라는 말을 남겼다.

고인의 딸인 고(故) 유재라 여사 역시도 1991년 임종을 앞두고 2백억원이 넘는 재산을 아버지의 유산으로 세운 공익 기관인 유한재단에 기부하였다.

유한재단은 장학 및 교육 사업 지원, 기술·문화·연구의 장려, 사회봉사자 시상 사업, 사회복지 사업, 재해 구호 사업 등 다양한 공익 사업을 시행하고 있다.

또한 1970년 유한재단 설립 당시부터 지금까지 우수 대학생에게 전액 장학금을 지급해 오고 있으며, 1988년에는 서울시 환경미화원 자녀로서 면학에 열중하는 고교 재학생 50명에게 장학금을 지급하고, 1989년부터는 서울시, 인천시 및 경기도와 협조하여 소년 소녀 가장 55명을 선발하여 장학금을 지급하는 등 불우 고교생에 대한 장학 사업을 시행 중이다.

사회복지 사업으로는 1991년부터 무의탁 노인 및 65세 이상 사회보호 대상 노인의 사회복지 사업에 참여하여 '남부 노인 종합복지관' 및 '북부 노인 종합복지관'에서 결식 노인 지원 사업을 매 분기별로 실시하고 있으며, 재택 무의탁 노인 및 치매 노인 방문 봉사활동도 적극적으로 실천하고 있다.

심장수술 지원 부문에서는 영세민 보호 대상자와 수술비 조달이 어려운 사람들을 대상으로 1992년부터 연간 약 1천만원의 심장수술비를 지원하였다. 또한 장애우들이 정상적인 사회활동을 영위해 나갈 수 있도록 지원하는 한편, 한국장애인재활협회가 주관하는 사랑의 손잡기 운동, 한국뇌성마비복지회에서 주최하는 장애우 재활 행사인 오뚜기 또한 단독 후원 중이다.

사회봉사자 시상 사업에도 관심을 기울이고 있는데 평생 거룩한 봉사활동을 펼친 고(故) 유일한 박사의 숭고한 정신을 기리기 위해 1995년 제정된 '유일한상'은 국민의 사표(師表)가 될 수 있는 모범적인 삶을 살아가는 인사에게 격년제로 시상을 하고 있다. 1992년 제정된 '유재라 봉사상' 또한 우리 사회의 그늘진 곳, 도움의 손길이 필요한 곳에서 평생 남모르게 사회 봉사를 실천하고 있는 여 간호사와 일반 사회 봉사자를 매년 시상하고 있으며, 1998년부터 여 약사 부문도 선정하여 시상하고 있다.

유한양행은 이와 같은 기업 이윤의 사회 환원과 함께 가장 좋은 상품 생산, 성실한 납세 등을 기업 이념으로 삼고 성실히 수행하고 있다. 성실한 납세는 기업이념 중에서 애국정신의 핵이 되는 구체적인 실천으로, 모든 기업 활동이 국가를 바탕으로 이루어지는 것이며 기업 활동을 통하여 이루어지는 부의 축적은 반드시 성실한 납세를 통하여 국가에 되돌려지고 이것이 곧 국력의 바탕이 되어야 한다는 철학이 담겨져 있다.

또한 제약업계 최초로 기업 공개를 해 자본과 경영을 분리하였으며, 우리나라 최초로 종업원지주제, 전문경영인 제도 등 선진 경영기법을 도입하여 국내 기업들에게 선도적 역할을 수행해 왔다.

신약연구 분야에서 기술 경쟁력을 확보하여 세계적인 수준의 제약기업으로 도약하고 있는 유한양행은 창업 정신을 바탕으로 사회와 국민을 위해 더욱 건강한 사회, 더욱 풍요로운 사회를 만들어 나가는 데 주력하고 있다.

이러한 사업의 원천은 바로 유한양행 중앙연구소이다. 유한양행 중앙연구소는 1983년 설립 이후 제약업계 최초로 GLP 적격 시험기관으로 지정된 연구소로서, 우수한 의약품 개발에 정진하는 중이다.

유한양행은 연구개발에 많은 투자를 하고 있으며, 우수한 의약품

유한양행은 노사의 신뢰와 이해를 바탕으로 민주적·협력적 노사 관계를 구축하고 있다.

세계 수준의 신약 개발 능력을 갖추기 위해 박차를 가하고 있다.

을 개발하기 위해 1백50여 명의 연구인력이 신약 개발, 바이오 의약품 개발, 원료의약품 개발, 신제품 개발 분야에 대한 연구에 전념하고 있다.

유한양행 중앙연구소는 임신, 배란 진단 키트와 신생아 호흡부전증 치료제를 국내 최초로 개발하였으며, 차세대 소화성 궤양치료제(YH1885)의 임상 실험을 수행하여 세계적인 주목을 받았다. 그리고 골다공증 치료제, C형 간염 치료제 및 당뇨병 치료제 등 우수한 신약 후보물질의 지속적인 개발에도 힘쓰고 있다.

또한 유전체 정보를 이용한 신약 개발과 바이오칩 기술을 이용한 질병의 조기진단 기술 개발에도 주력 중이다.

유한양행 기술경쟁력의 첨병인 중앙연구소는 유한의 새로운 도약과 미래 창조의 중추적 역할을 하는 것은 물론, 향후 국내 최고 수준의 제약 연구소로서 국제적 연구의 교류를 확대하고 국내 제약 R&D 경쟁력을 한 단계 높이는 계기가 될 것으로 전망된다.

유한양행은 새로운 중앙연구소가 연구 공간 확장과 함께 연구개발 투자 강화, 연구인력 역량 및 연구 네트워크 강화 등 세계 수준의 총체적 연구개발 인프라 구축의 계기가 될 것으로 기대하고 있다.

이처럼 유한양행은 기업 이익의 사회 환원과 함께 기술 경쟁력 확보, 선진 경영 기법 등으로 위상을 높이고 있으며, 외부의 호평으로 더욱 빛을 발하고 있다.

2004년 10월 '대한민국 최고기업대상' 시상식에서 유한양행은 한국경영인협회로부터 제약부문 최고기업대상을 수상하였다. 또한 한국경영인협회가 거래소 상장기업 및 코스닥 등록기업 1천5백16개 사

국내 제약업계를 대표하는 유한양행의 사옥.

1926년 창업 이래 노사분규가 한 번도 없었던 유한양행. 직원들의 회사에 대한 자부심과 애착이 남다르다.

를 대상으로 한 심사에서 성장성 · 수익성 · 안정성 · 기업규모 · 주주중심 경영 등 모든 평가 항목에서 높은 평가를 받아 제약부문 최고 기업으로 선정되었다.

2003년에는 국내에서 '가장 신뢰받는 기업'의 하나로 선정되었고 사단법인 한국경영인협회와 한국경제신문사가 주최한 제1회 대한민국 '가장 존경받는 기업인, 가장 존경받는 기업'에 선정되기도 하였다. 국내 1천5백 개 상장사 중 유한양행은 △국민경제 공헌도 △견실한 기업 경영 △혁신성 △주주 중심의 경영 등 4대 주요 항목 평가와 국내 경제 전문가 집단 5백인을 대상으로 한 설문에서 높은 평가를 받았다. 당시 심사위원회는 "유한양행은 특히 기업의 윤리성, 노사 관계, CEO의 리더십, 사회적 책임 등을 선도하는 기업"이라고 선정 경위를 밝혔다.

이 밖에도 '바른 사회를 위한 시민회의'가 서강대 기업평판조사팀에 의뢰하여 2002년 8월부터 11월까지 교수, 회계사, 증권사 애널리스트, 중소기업 경영자 2백50명을 대상으로 한국기업 선호도 조사를 실시한 결과, 국내 기업 가운데 '좋은 이미지 종합 선호도'에서 삼성전자에 이어 2위를 차지해 내실 있는 우량 기업으로서의 면모를 다시금 확인하였다.

또한 2001년 7월에는 한국회계학회로부터 투명한 회계 관행을 정착시킨 공로로 '제1회 투명회계대상'을 수상하였다. 이처럼 유한양행은 투명한 지배 구조와 합리적인 내부 감사 제도하에 운영되고 있으며 전문경영인 체제의 정착에도 앞장서는 등 국가 경제에 대한 기여도와 사회적 책임의 이행 정도가 높이 평가되고 있다.

■ 포스코

>>> '철강강국'으로의
변함없는 대장정

1968년에 창립되어 현재에 이르기까지 대역사(大役事)의 장정을 걸어온 포스코는 2천8백만 톤 규모의 조강 생산 능력을 갖추고 있으며, 포항제철소 2백70만 평, 광양제철소 4백50만 평의 대지에서 열연, 후판, 선재, 냉연, 전기강판, 스테인리스 스틸 제품 등을 생산, 세계에서 경쟁력 있는 제철회사로 인정받고 있다.

민영 기업으로 다시 태어난 포스코는 시대의 변화를 이끌어 가는 기업으로서 제 역할을 분명히 인식하고 실천해 나가는 데 주력하고 있으며, 오늘날의 위치에 만족하지 않고 중단 없는 혁신을 통해 초일류 기업으로 나아가기 위해 매진하고 있다.

포스코 혁신 프로그램 중 특히 주목할 만한 것은 PI(Process Innovation)에 뿌리를 두고 태동한 포스코 6시그마를 들 수 있다. 포스코는 지난 1999년부터 2년 반 동안 추진해 온 PI를 바탕으로 2002년 5월부터 6시그마 프로그램을 강력히 추진하고 있다.

포스코 혁신 프로그램의 대명사로 통하는 포스코 6시그마는 지속적으로 PI 성과를 가시화하고 조직의 혁신을 이끌어 낼 '변화 가속화 프로그램'이다. 이러한 경영 혁신을 통해 포스코는 예상을 훨씬 뛰어넘는 유·무형의 성과를 얻었다.

2004년에는 매출, 영업이익, 당기순이익, 조강 생산, 판매량 등 모든 면에서 신기록을 쏟아 냈는데, 매출 19조 7천9백20억원(2003년 대비 37.8% 증가), 영업이익 5조 5백40억원(65.2% 증가)을 달성해 원자재 가격 인상 등에도 불구하고 실적 고공 행진을 이어갔다. 당기순이익의 경우 2003년 대비 무려 93.1% 증가한 3조 8천2백60억원을 기록하였다.

포스코가 이와 같은 경영 실적을 이룰 수 있었던 것은 최고 경영층의 진두지휘에 따라 생산, 구매 및 판매 등 경영 전반의 효율을 극대화하였기 때문인데, 특히 6시그마 운동으로 2004년 4천9백억원 수준의 재무 성과를 거두는 등 경영 혁신 활동이 생산성 향상과 원가절감으로 이어졌다.

포스코는 비약적인 발전에 자족하지 않고 투자 확대 및 경영 혁신을 통한 공격 경영을 지속하기 위해 2005년부터 5년간 총 16조원을 투자해 미래 성장동력 확보를 위한 노력 중에 있다.

또한 2005년 매출을 2004년보다 16.3% 늘어난 23조 1백억원, 조강 생산은 2004년 대비 3% 증가한 3천1백10만 톤으로 책정하였고, 2005년 4조 8백10억원을 투자비로 책정함으로써 투자 위축으로 침체되어 있는 국내 경기 활성화에 앞장설 방침이다.

특히 2009년까지 5년간 총 16조원을 국내 철강부문에 70%, 해외 철강부문에 25%, 비철강부문에 5% 등을 투자해 글로벌 우량 기업으로서의 위상을 확고히 하고 2008년까지 설비 신증설과 합리화를 통해 포항제철소 1천5백만 톤, 광양제철소 1천9백만 톤 등 국내 조강 생산량을 3천4백만 톤까지 확장시킬 계획이다. 스테인리스에서는 국내 2

제1회 포항시민의 날을 맞아 포스코가 지원하는 포항 불빛 축제.

포스코는 지역주민의 화합과 문화 욕구 충족을 위해 문화시설을 지원하고 수준 높은 공연을 개최하고 있다. 사진은 포스코센터 정기음악회.

백20만 톤, 해외 80만 톤 등 조강 3백만 톤 체제를 구축함으로써 2007년까지 세계 톱 3에 진입한다는 전략이다.

이와 함께 원료자원 보유국 및 철강 성장 잠재 지역인 인도와 중국, 브라질 등에 생산기지를 구축하고, 포항제철소와 광양제철소를 고급강 생산설비로 전환하여 자동차 강판, 고급 API재 강재, 고급 전기강판 등 전략 제품을 집중 육성해 제품 고부가가치화를 적극 추진할 계획이다.

이러한 공격적인 경영은 국내외 철강 수요가 늘어 철강 가격이 회복세로 돌아선 데다 자동차강판, 전기강판 등 포스코가 전략적으로 개발·육성하고 있는 고부가가치 제품의 판매 비중이 크게 늘었기 때문이다.

또한 2005년부터 직원들에게 지속적인 학습 기회를 제공해 삶의 질을 높이고 직무 역량을 획기적으로 개발하기 위하여 평생학습제를 도입해 운영하고 있는데, 평생학습제란 근무일 중 부서별 인력 여건, 직원 니즈 등을 고려해 연간 5일에서 10일 정도의 '평생학습일'을 지정, 자기계발이나 직무수행 능력 향상을 위한 학습 프로그램에 참가하는 제도이다. 포스코는 이에 따라 평생학습 지원 조직 구성, 학습 지도 및 강사 역량 배양 프로그램을 운영해 강사 양성, 현장 강의시설 완비, 평생학습 포털 사이트 개발 등 평생학습 지원 인프라 구축에 심혈을 기울일 방침이다.

학습 프로그램은 구체적으로 총 세 가지 영역으로 구성되어 있다. 비즈니스 매너, 취미 강좌, 독서 토론, 전시회, 문화 체험 등 '교양문화 학습 영역', 6시그마·변화관리나 윤리의식 함양과 같은 '기업가

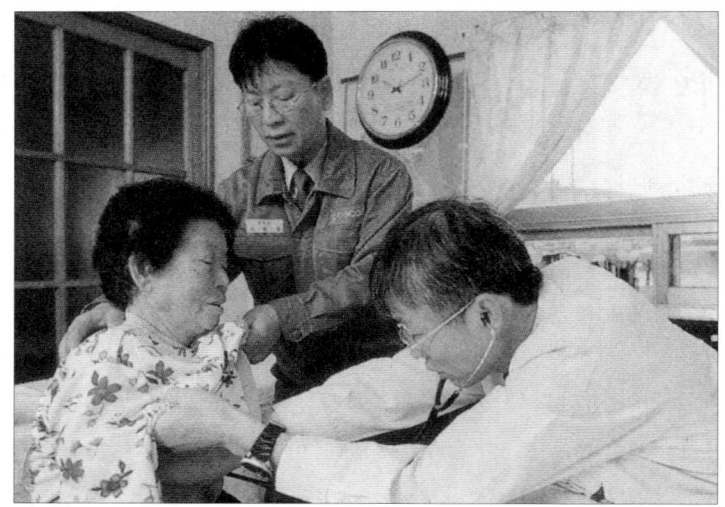

포스코는 지역주민과 지속적인 유대 관계를 형성하고 있다. 사진은 의료 봉사 활동 모습.

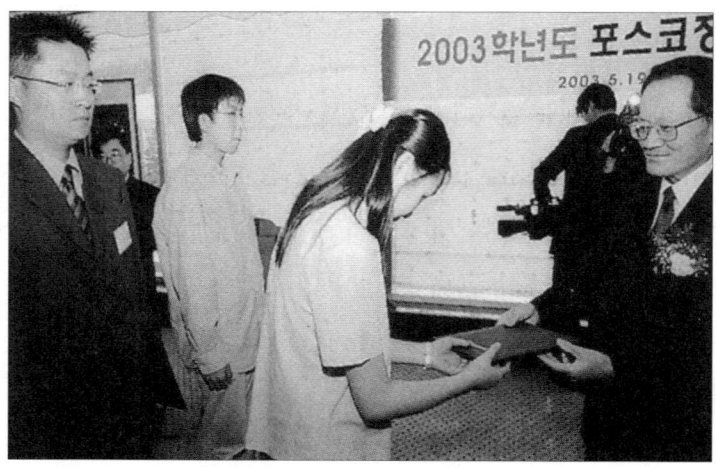

포스코는 다양한 장학 사업을 운영하고 있다.

치 공유 학습 영역', 전문자격 취득이나 문제해결 워크숍 등 '직무역량 학습 영역'이다.

한편 포스코 임직원은 1991년 포항, 광양 지역 마을과 자매결연한 이후 지역 주민과 지속적인 유대 관계를 형성하며 일상생활에서 나눔을 실천해 오고 있다. 포스코는 2003년 '포스코 봉사단'을 창단해 직원들의 보다 조직적이고 체계적인 봉사활동을 지원하고 있다.

또한 정기적인 고품격 음악회 및 전문 공연장 운영을 통해 도심 속에 여유 공간을 제공하고 지방 도시의 문화적 갈증 해소를 돕고 있다. 광주 비엔날레 및 각종 예술 행사 지원, 미술관 운영 등으로 풍요로운 지역 문화 발전에도 힘쓰고 있다.

포스코는 교육재단을 통해 포항과 광양에 유치원부터 고등학교에 이르는 14개 학교를 운영해 전인 교육을 실천함으로써 지방 교육의 성공 모델을 제시하고 있다. 또한 연구 중심 대학인 포항공대를 통해 한국 기초과학 발달에 기여하고, 다양한 장학 사업을 운영하는 등 창의적인 인재 양성에 주력하고 있다.

또한 매월 셋째 주 토요일을 나눔의 토요일로 정해 임직원이 함께 대대적인 봉사활동을 펼치고 있고, '아름다운 가게'에 전 직원이 수집한 4만3천여 점의 물품을 기증하고 최고경영자가 직접 판매 봉사에 나서 수익금 전액을 이웃돕기 성금으로 전달하는 등 나눔을 통한 사회봉사에 적극적으로 참여 중이다. 2004년 3월 시작한 나눔의 토요일 행사에는 2004년 말 기준으로 2만7천6백53명의 임직원들이 참여하였는데 이는 상주 근무 직원이 1인당 3회 정도 참여한 셈이다. 포스코는 2004년 12월에는 전국자원봉사대회에서 대통령상을 수상하기도 하였다.

포스코는 최근 현안으로 떠오르고 있는 환경경영에도 창사 이래 많은 비중을 두고 추진하고 있다. 이미 환경 방침을 제정하고 환경 개선 계획을 수립하는 등 체계적인 환경경영 기반을 구축하여 1996년 7월 환경경영 체제 국제 기준인 ISO 14001 인증을 획득하였다.

또한 범지구적 환경보전 노력에 공헌하고자 환경 방침을 제정, 포항제철소와 광양제철소에서 이루어지는 모든 기업 활동 전반에 적용되도록 하였다.

이와 같은 포스코의 제반 노력은 국내외에서 인정받아 2005년 2월 미국의 경제 전문지 포춘이 '가장 존경받는 기업'을 조사한 결과, 철강부문에서 평점 6.66점을 얻어 1위를 차지하였다.

이는 미국 컨설팅 업체인 헤이그룹이 세계 3백57개 기업의 사장과 이사 등 1만여 명을 대상으로 국제화 수준이나 경영 혁신, 재무 건전성 등 9개 항목의 설문 조사 방식으로 실시한 것으로 포스코는 특히 경영 혁신과 직원 역량, 재무 건전성, 장기 투자 가치 항목에서 최고 수준의 평가를 받았다. 포스코는 포춘의 조사에서 1999년과 2000년, 2003년에도 철강부문의 가장 존경받는 기업에 선정된 바 있어 저력을 인정받았다.

2005년 2월에는 전국경제인연합회와 서울경제신문이 공동 주최한 '2005 존경받는 기업 대상'을 받았는데, 경영 혁신을 통해 뛰어난 경영 실적을 실현하였고 사회와 환경에 대한 기업의 책임을 수행하는 데 솔선수범한 공로를 인정받은 것이다.

포스코의 경우 회사의 이윤보다는 기업윤리를 우선하는 윤리경영을 실천하고 사외이사 비중을 확대해 투명·책임경영 체제를 강화한 점과 내수 비중을 77%대로 유지해 국내 기업을 적극 지원하고 국내 고객사와 동반 성장하기 위해 다양한 활동을 전개해 온 점에서 높은 평가를 받았다.

- 유한킴벌리

>>> 나무 심고 사람 가꾸는 '푸른 경영'

유한킴벌리는 1970년 설립 이래 고객의 사랑과 끊임없는 제품 혁신을 바탕으로 비약적인 발전을 이룩한 기업이다. 심층적인 고객 조사 활동의 전개, 기술 및 생산 부문에 대한 아낌 없는 재투자, 건전한 재무 구조의 유지 등을 통해 튼튼한 미래 성장의 밑받침을 만들어 가고 있으며, 인간존중, 고객만족, 사회공헌, 가치창조, 혁신 주도라는 다섯 가지 경영 방침을 기본으로 윤리경영, 환경경영, 평생학습 체제를 구축하고 있다. 유한킴벌리의 모든 경영 활동은 '품질, 서비스, 공정한 거래'라는 기업윤리의 원칙을 바탕으로 하고 있다.

유한킴벌리는 사회공헌 활동을 통해 기업의 책임과 의무를 실현해 나가고 있는데, 기업의 자원이 꼭 필요한 곳에 전달되고 사회의 많은 지원과 연계성·지속성을 가진다면 사회에 미치는 긍정한 효과가 커질 것이라는 신념을 실천하고 있는 것이다.

기업의 사회적 책임을 수행하기 위해서는 공익 활동을 통해 사회 발전에 기여하는 것이 중요하다는 인식하에 1984년부터 '우리 강산 푸르게 푸르게' 캠페인을 지속적으로 전개 중이다.

'우리 강산 푸르게 푸르게'로 대표되는 환경보전 활동과 노인 복지, 여성 권익 보호활동 지원 등을 통해 사회 발전과 공익의 증진을 추구하며, 사원들이 자율적으로 운영하는 동아리의 봉사활동과 소그룹 봉사활동도 활발히 전개하고 있다. 이러한 사원들의 자발적인 공익활동은 유한킴벌리의 사회공헌 활동이 모티브가 된 것이다.

대표적인 공익 활동은 역시 '우리 강산 푸르게 푸르게'인데, 특히 주목할 만한 것으로 '학교 숲 운동'이라는 활동이 있다. 1995년에 자연친화적인 교육환경을 조성하기 위해 유한킴벌리가 주최가 되어 시작된 이 '학교 숲 운동'은 1999년 시민단체 '생명의 숲'과 산림청을 만나면서 전국적인 운동으로 확산되었다.

이 운동은 전국 9천7백여 초·중·고등학교를 대상으로 숲이 있는 학교 만들기 활동으로 전개되고 있는데, 숲을 조성하고 교육적으로 활용되거나 도시 녹지의 확보, 지역 커뮤니티의 형성에 큰 역할을 하고 있다.

시행 초기에는 유한킴벌리의 학교 숲 기금을 바탕으로 추진되었으나 점차 학교 및 지방자치단체로까지 관심이 확산되어, 현재는 정부가 예산을 지원하고 교육인적자원부, 서울시 등에서도 적극적으로 관심을 보이면서 더욱 활성화되고 있는 환경운동이다. 기업이 주체가 되어 시작되었지만 시민이 함께 참여하고 사회가 주인이 되어 실행함으로써, 그 기쁨을 구성원이 함께 공유할 수 있는 프로그램이 '학교 숲 운동'이라고 할 수 있다.

유한킴벌리는 씨앗을 뿌리는 역할을 하였고, 학교와 시민은 씨앗을 키우는 역할을 하게 된 셈으로, 이러한 활동들은 모든 부문의 지속적이고 일관된 참여와 협조로 체계적으로 이루어지고 있다.

유한킴벌리는 또 1985년 충북 청원군에서 처음 잣나무 묘목 1만2천

유한킴벌리는 학생들이 자연의 소중함을 직접 체험할 수 있도록 다양한 프로그램을
운영하고 있다.

유한킴벌리는 '우리 강산 푸르게 푸르게' 캠페인을 지속적으로 전개해오고 있다.

그루를 심은 이래 매년 식목일에 즈음하여 자원 봉사에 나선 신혼부부들과 함께 나무를 심고 있다. 미래의 건강한 숲이 조성될 수 있도록 산림조합중앙회의 협조를 받아 나무가 잘 자라지 못해 개선이 필요한 지역과 적정한 수종을 선정하는 데도 노력을 기울여 왔다.

혼효림(두 가지 이상의 나무가 뒤섞여 있는 숲)과 복층림 조성에 중점을 두고 진행하고 있으며, 전문가의 지도하에 참가자 전원에게 올바른 나무 심기 방법을 교육해 왔다. 나무 심기에 참여한 신혼부부들은 함께 땀을 흘려가며 무엇보다 나무를 심는 일의 즐거움과 소중함을 체험하였으며 자신들이 심은 나무가 건강한 숲이 되어 미래에 자신들의 아이들에게 더욱 풍요로운 삶을 누리게 하도록 하는 데 초점을 맞추고 있다.

2004년까지 6천8백여 쌍이 나무 심기 체험을 하였고, 이를 통해 국가 소유 산림지에 11만2천1백 그루의 나무가 자라게 되었다.

청소년 환경 체험 교육인 '그린 캠프'도 환경의 중요성을 깨닫게 해 주는 프로그램이다. 유한킴벌리는 1988년부터 매년 전국의 여자 고등학생들을 대상으로 설악산 자연 학습장에서 환경 체험 교육인 '그린 캠프'를 열고 있다. 그린 캠프는 숲의 수자원 함양, 수질 정화, 대기 정화 능력, 숲의 생물 다양성 및 문화 체험 등의 프로그램으로 구성되어 있으며, 산림·환경·경제·예술 등의 각 분야 전문가와 교수들이 교육을 담당하고, 매년 더욱 개선된 프로그램들을 내놓고 있다. 대부분의 과정이 숲 속에서 진행되어 도시 교육에 길들여진 청소년들의 잠재된 감성을 일깨우고, 설악산의 맑은 물과 공기, 다양한 종의 동식물을 접하게 함으로써 자연을 통한 심리적 안정감을 찾아

주고 있다.

그린 캠프는 매년 여름 방학 기간을 이용하여 4일 일정으로 2기에 걸쳐 개설하여 2004년까지 총 24기에 이르렀다. 이를 통해 지금까지 2천4백79명이 환경 체험 교육을 받았으며 이들 중 일부는 캠프에 와서 다시 자원 봉사자로 참여하기도 하였다.

건강한 숲을 만드는 데 필요한 숲 가꾸기 기금도 1984년부터 조성해 오고 있다. 기금의 합리적이고 효율적인 운영을 위해 산림조합중앙회 내에 각 분야 전문가로 구성된 '우리 강산 푸르게 푸르게 운영위원회'를 별도로 두고 있는데, 1984년부터 2004년까지 72회에 걸쳐 총 49억6천만원의 기금이 조성되었으며, 4백65만 평에 5백만여 그루의 나무를 심고, 1천7백48만 평의 1천6백만여 그루를 대상으로 천연림 보육, 어린 나무 가꾸기, 솎아 베기, 비료 주기 등의 숲 가꾸기 사업을 실시하고 있다.

유한킴벌리는 또한 시민들과 함께 나눌 수 있는 열린 문화 공간 '문학의 집-서울'을 서울 남산 기슭의 숲과 접해 있는 자연 환경 속에 마련하여 문인들에게는 창작 의욕을, 시민과 청소년들에게는 문학을 통한 '맑은 마음 갖기 운동'을 펼치고 있다. 현재 '문학의 집-서울'은 문인과 문학을 사랑하는 시민들이 교감을 나누는 공간으로 활용되고 있으며, 수요 문학광장 시간에는 평소 시민들이 만나고 싶어하는 문학인을 초청하여 강연을 듣고, '음악이 있는 문학마당' 시간에는 음악, 시 낭송, 산문 낭독을 통해 예술인과 시민이 자유롭게 만나는 장으로 활용 중이다.

기업의 사회적 책임과 관련해 유한킴벌리의 실천 사례가 빠지지 않고 등장하는 것은 이러한 지속적이고 일관된 노력 덕분이라 할 수 있다.

유한킴벌리는 사회공헌 활동을 통해 기업의 사회적 책임 수행을 실천, 삶의 질 향상과 사회 발전을 지향하고 있으며, 적극적인 노력과 투자를 전개해 나가고 있다.

유한킴벌리가 지난 22년간 '우리 강산 푸르게 푸르게' 캠페인을 지속적으로 실천해 온 것은 우리 국토의 65%가 넘는 산림과 그 숲이 가지는 환경적, 문화적 가치를 증대하는 것이 삶의 질을 향상시킨다는 신념이 있었기 때문이다.

이러한 일관된 지속성은 유한킴벌리의 이미지를 뚜렷하고 분명하게 만들었으며, 공익 활동이 만들어 낸 긍정적 가치들은 다시 회사의 가치가 되어 신뢰와 믿음을 창출하고 있다.

'기업의 사회적 책임은 대를 이어 전해지는 기업의 전통과 자산이 되어 사회적 가치를 창출하고 기업과 사회가 함께 발전해 가는 가치를 발휘한다는 것'이 유한킴벌리의 믿음이다. 이는 내적으로 직원의 자긍심 증대를 통한 기업의 내적 성장을, 외적으로는 기업의 명성 확보를 통해 장기적인 기업 발전의 원동력이 되고 있다.

유한킴벌리는 '우리 강산 푸르게 푸르게' 캠페인을 통해 앞으로도 꾸준히 환경보전 활동에 노력을 기울일 계획이다. 뿐만 아니라 노인복지, 여성권익 보호, 문화 활동 지원 등의 공익 활동도 펼쳐 기업에 대한 사회의 요구에 부응하고, 사회 발전에 힘이 되겠다는 비전을 수립하고 있다.

- 현대자동차

>>> '글로벌 톱 5'를 향한
쾌속질주

△판매량 1백67만7천8백18대(내수 55만 1천2백26대, 수출 1백12만 6천5백92대) △매출액 27조 4천7백25억원(내수 10조 1천8백20억원, 수출 17조 2천9백5억원) △영업이익 1조 9천8백14억원 △경상이익 2조 4천8백90억원 △당기순이익 1조 7천8백46억원. 이는 2004년도 현대자동차의 경영 실적이다.

국내 자동차 시장의 대표적 기업인 현대자동차는 국가라는 경계를 넘어 세계 속에서도 그 가치와 미래를 인정받고 있는 기업으로 성장을 거듭해 왔다. 우리나라 경제의 한 축을 담당하며 국력을 상징하는 대표적인 기업으로 자리 잡은 현대자동차는 전 세계 1백93개국에 자동차를 수출하는 수출 주력 기업으로서 국가 발전에 기여해 왔다.

2004년에는 수출 1천만 대 달성이라는 경이적인 기록으로 자동차 역사를 새롭게 썼으며 미국, 중국, 인도, 유럽 등에 현지 자동차 제조 공장을 운영하면서 글로벌 기업으로서 자리 잡아가고 있다.

현대자동차가 이와 같이 경쟁력을 갖추게 된 것을 5대 글로벌 전략과 3대 경영 방침이 효과를 본 것으로 분석된다.

현대자동차는 신뢰경영·현장경영·투명경영을 3대 경영 방침으로 정하는 한편 상품 경쟁력 강화, 현지화 전략, 브랜드가치 향상, 지속가능 경영 체제, 글로벌 경영 혁신 등을 세계화 전략으로 시행하고 있다.

5대 글로벌 전략을 살펴보면 상품 경쟁력 강화의 경우 매출액 5% 이상을 R&D에 투자하는 등 글로벌 고객을 만족시킬 수 있는 세계 최고 수준의 품질과 상품성, 기술력을 확보하는 데 온 힘을 쏟고 있다. 특히 정몽구 회장 취임 직후부터 세계 시장에서 '한국 차는 싸구려'라는 오명을 벗기 위해 품질 혁신에 사활을 걸어 왔다.

현대자동차는 오는 2010년까지 세계 5위 메이커로 성장하겠다는 목표를 세워 놓고 이를 달성하기 위해 품질과의 싸움이라는 지상 과제에 도전하고 있다. 정몽구 회장이 매달 두 번씩 품질회의를 주재하고 있고, 그동안 부사장이 맡아 왔던 현대 · 기아차 품질총괄본부장의 직급을 사장으로 한 단계 올린 것도 이 같은 목표를 실현하기 위해서이다.

현대자동차는 설계 단계에서부터 '완벽 품질'을 확보하여 양산 후 발생할 수 있는 문제를 사전에 예방하는 시스템을 구축하고, 생산 공정에서 단계별로 품질 평가를 거쳐 각 단계의 품질 목표를 달성하여야 다음 단계로 넘어가도록 하는 '품질 합격제'를 운영하고 있다.

이와 함께 협력사를 대상으로 품질평가 제도를 운영해 모든 부품에서 일류 품질의 경쟁력을 확보하는 한편 세계 2백여 곳에 판매되고 있는 자동차를 정비하고 품질을 점검하기 위한 해외 네트워크를 실시간으로 가동하고 대규모 품질조사단을 파견하고 있다.

이에 대한 성과로 2004년 4월 미국 JD-파워사의 '신차 초기품질 조사'에서 쏘나타가 중형차 부문에서 1위를, 브랜드별 순위에서는

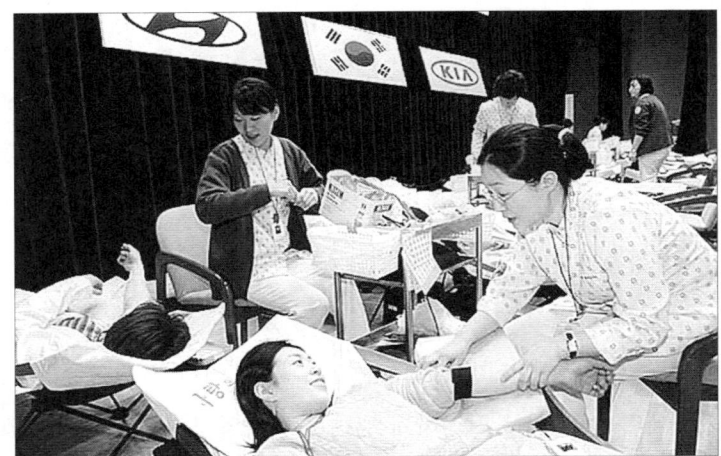

현대·기아자동차그룹은 임직원들의 자발적인 참여를 통한 사회 봉사를 위해, 2005년 3월 14일부터 3주간에 걸쳐 '함께 움직이는 세상 - 2005 헌혈 캠페인'을 실시하였다.

현대자동차가 축구를 통한 스포츠 마케팅에 가속도를 붙이며 유럽 시장 공략에 박차를 가하고 있다. 사진은 2005년 3월 29일, 체코 축구 국가 대표팀 자동차부문 독점 공식 후원사로 선정되어 프라하 에서 가진 조인식.

도요타, 벤츠, BMW 등을 제치고 7위에, 업체별 순위에서는 도요타에 이어 혼다와 공동 2위를 차지하였다. 또한 뉴욕 타임스, USA투데이, LA타임스, 월스트리트 저널 등 유수의 언론들이 미국과 일본 자동차 업체 '빅 3'의 강력한 경쟁자가 나타났다며 현대자동차에 대한 호평을 잇달아 내놓았다.

현대자동차가 미국의 GM과 크라이슬러, 포드 그리고 일본의 닛산, 도요타, 혼다 등 세계적인 자동차 업체들과 어깨를 나란히 하게 된 것이다. 현대자동차의 쏘나타, 싼타페, 아반테XD, 투스카니, 베르나 등 5개 차종은 미국 내 자동차 구매 가이드인 '카북'에서 선정한 '2005년 최우수 추천 차종'으로 선정되는 등 세계에서 품질과 기술력을 인정받고 많은 사람들이 선택하는 수준에 올랐다.

또한 하나의 전쟁터라고 표현될 정도로 각 제조업체 간의 경쟁이 더욱 치열해지고 있는 세계 자동차 시장에서 경쟁력을 갖추기 위해 현지화 전략을 구사하고 있다. 이는 현지 공장을 통해 현지 및 인접 국가 소비자들의 욕구에 부응하고 급변하는 시장 환경에 다른 기업보다 빨리 적응해 나가기 위함이다. 현대자동차는 또한 글로벌 스탠더드에 준하는 연구 및 생산 체계를 통해 최고의 경쟁력을 갖추어 나가는 데 초점을 맞추고 있다.

이렇듯 품질 혁신을 바탕으로 해외 시장에서 괄목할 만한 성장을 일구어 왔으나 아직 브랜드 파워가 탄탄하게 구축되지 않은 상태여서 이 부분에 더욱 심혈을 기울이고 있다. 2005년 1월 글로벌 톱 브랜드로 도약할 것을 선언하고 세계 최고 품질과 상품성에 걸맞은 브랜드 가치를 확보하겠다는 청사진을 제시한 것도 궤를 같이한다. 이를

현대자동차는 공익 연계 마케팅을 도입, 우유나 쌀 등을 적립하여 결식 아동과 저소득 가정을 돕고 있다.

현대자동차는 연말을 맞이해 서울시 서초구 사회복지시설 9개소에서 본사 임원과 여직원들이 불우이웃돕기 행사인 '연말연시 사회복지시설 봉사활동' 행사를 실시하였다.

위해 현대자동차는 지속적인 품질 개선, 판매 전후의 대고객 서비스 강화, 고객들을 감동시킬 수 있는 제품 개발에 주력하고 있다.

또한 지속가능 경영 체제를 위하여 글로벌 기업으로서 윤리경영과 투명경영 등을 통해 사회적 책임을 다하고 소비자, 종업원, 협력업체들과 비전을 나누고 함께 성장함으로써 기업의 사회적 역할을 실천하는 데 앞장서고 있는 것이다.

급속하게 변화하는 시장에 맞서 지속적인 개선, 대량 생산, 경직된 조직, 국내 생산 등의 경영 패러다임만으로는 더 이상 글로벌 시대에 살아남지 못한다는 인식 아래, 고객 중심의 글로벌 프로세스를 확립하여 변화에 적응하고 혁신하는 기업으로 성장하여 왔다.

기업의 사회적 역할, 특히 사회공헌 활동과 산학 협력 등으로 기업의 이윤을 사회에 환원하는 데 많은 비중을 두고 있는데, 예를 들어 오래 전부터 공익 연계 마케팅을 도입, 출고 차량 1대당 일정량의 우유나 쌀 등을 적립하여 결식 아동과 저소득 가정을 돕는 활동을 하고 있으며, 재활용품을 수집·판매해 불우이웃을 돕는 비영리 단체인 '아름다운 가게'에 대형 트럭을 기증하여 '움직이는 아름다운 가게' 1호점을 개점하기도 하였다.

또한 저소득 장애우 및 거동이 불편한 독거노인들에게 편의장비를 제공하는 한편, 불우한 환경으로 교육의 기회를 가지지 못한 아이들에게 장학금을 지원하고 있다. 이와 함께 각종 스포츠 및 문화 행사에 대한 후원으로 체육 및 문화예술 진흥에도 기여하고 있다.

이러한 기업의 사회적 책임을 완수하는 가장 핵심적인 주체는 바로 각 사업장별 동호회를 중심으로 자발적인 모금과 자원봉사 활동을 통해 이웃 사랑을 펼치고 있는 임직원과 그 가족들이다. 현대자동차 임직원들은 급여의 우수리를 모아 소년소녀 가장을 지원하고, 각 동호회를 중심으로 장학금 마련 및 소외계층을 위한 봉사활동을 꾸준히 전개하였다.

단순 기부에 의한 일방적인 지원이 아닌, 사회가 필요로 하는 공익사업을 적극적으로 발굴, 전개하여 임직원이 직접 나눔을 실천하는 자원봉사 활동을 통해 사회공헌 활동을 추진해 나간다는 방침을 갖고 있다.

또한 2004년 6월 18일 국내 자동차 업계에서는 처음으로 서울대 관악캠퍼스 내에 산학 협력 '차세대 자동차 연구관'을 개관, 기증하고 산학 협력을 통하여 미래형 자동차 연구 개발과 전문인력을 육성하고 있다.

2001년 기공식 이래 1백35억원을 투입한 서울대 차세대 자동차 연구관을 통해 매년 1백80명 이상의 이공계 대학생들이 교육을 받고, 대학 졸업 후 현대자동차에 채용되고 있으며, 연간 40억원 이상의 예산을 투입하여 대학생들이 창의력을 마음껏 발휘할 수 있는 교육 공간이 될 수 있도록 지원하고 있다. 현대자동차는 연구소 개관을 계기로 서울대 외에도 국내외 우수 대학과 연구 네트워크를 구축하고 글로벌 우수 인재를 육성하는 등 산학협력 신규 프로젝트를 적극적으로 추진해 나가는 중이다.

- 안철수연구소

>>> 디지털 속에서
영혼을 살찌우는 기업

1995년 3월 창업한 안철수연구소는 국내 백신 전문 기업을 한 단계 넘어선 글로벌 통합보안 솔루션 개발 기업으로 성장하였다.

안철수연구소는 비록 10년의 역사에 불과하지만, 국내 보안업계에서는 가장 오랜 역사와 가장 큰 규모를 가진 업체이다. 세계적으로 정보보안 시장이 형성되기 시작한 1988년부터 쌓은 안티바이러스 노하우를 기반으로 보안 분야를 개척해 왔으며, 설립 이래 꾸준한 매출 성장을 보여 국내 보안업계의 선두를 유지하였다.

1999년 국내 보안업계 최초로 매출 1백억원대를 달성한 데 이어 2004년 현재 매출액 20% 이상의 연구개발비 투자, 3백여 명의 전문 개발 인력, 10여 년간 누적된 바이러스 관련 DB 보유 등을 통해 급변하는 디지털 환경에 맞는 서비스를 구현하고 세계 최고 수준의 기술력을 인정받고 있다.

특히 안철수연구소는 '연구소'라는 이름에 부끄럽지 않게 끊임없는 연구 개발을 통해 사회에 기여한다는 데 최대 주안점을 두고 1998년부터 연구 개발에 사력을 집중해 같은 해 말 세계에서 네 번째로 인터넷 · 네트워크 서버용 백신을 개발, 토털 보안기업으로 성장할 수 있는 기반을 마련하기도 하였다.

안철수연구소의 사업 영역은 보안관련을 통튼 것으로 각 분야 모두 우수성을 입증받고 있다.

먼저, 통합보안 솔루션은 기존 안티바이러스 기능 외에 다양한 기능을 통합한 제품군이다. 시큐리티팩(AhnLab Security Pack)은 바이러스, 웜, 트로이목마 등 악성 코드는 물론 실시간 해킹 차단, 침입 탐지 기능을 통합 제공하는 PC용 제품이며, 게이트스캔(AhnLab GateScan)은 이메일을 통해 유입되는 악성 코드와 스팸 메일이 PC로 전달되기 전에 게이트웨이 단계에서 필터링해 주고 신종 웜 메일을 조기에 차단하는 제품이다. 폴리시센터(AhnLab Policy Center)는 시큐리티팩과 PC 및 윈도 서버용 V3 제품군을 중앙에서 통합 관리함으로써 네트워크 환경의 보안 관리 효율을 높일 수 있는 제품이다. 핵쉴드(AhnLab HackShield)는 온라인 게임을 사용할 때 해킹 시도가 들어오는 것을 실시간 차단하고 변칙 플레이로 인한 피해를 차단해 준다.

V3 제품군은 산업자원부 선정 '차세대 세계 일류 상품'으로서 제품의 수월성을 입증받았으며 악성 코드가 침투할 수 있는 모든 정보 환경의 안전을 책임지고 있다. 특허 기술인 워프 엔진(WARP Engine)을 장착해 국내외 백신 가운데 가장 빠르고 정확한 진단·치료 성능을 제공하였고, 장영실상, 신 SW상품대상 수상으로 그 우수성을 인정받았으며 고객의 신뢰가 가장 분명하게 드러나는 시장에서 65% 이상의 압도적인 우위를 차지하고 있다.

PC용 V3 프로 2004를 비롯해 윈도 파일 서버용 V3 넷, 그룹웨어 서버용(V3NetGroup 시리즈), 게이트웨이용(V3VirusWall 시리즈) 등

이 있으며, 이들 솔루션을 통합 관리하는 시스템인 폴리시센터까지
완벽한 안티바이러스 솔루션을 제공하고, WI-PI 핸드폰(세계 최초),
팜 PDA 등 다양한 모바일 기기용 백신(V3Mobile 시리즈)도 개발하
였다.

시공을 초월해 간편하게 쓸 수 있는 원클릭 서비스인 온라인 보안
서비스도 안철수연구소의 기술력을 엿보게 한다.

웹 사이트에 접속해 클릭 한 번으로 온라인 기반의 방역을 책임지
는 서비스로, 스파이웨어 · 애드웨어 퇴치용 스파이제로(AhnLab
SpyZero), 바이러스 퇴치용 마이 V3(MyV3), 실시간 해킹 차단용 방
화벽(MyFirewall)을 비롯해 키보드 입력 정보 보안 서비스 마이 키
디펜스(MyKeyDefense) 등 10개를 제공하고 있다. 이를 통해 개인
고객이나 소규모 기업이 손쉽게 이용할 수 있으며 포털, 전자상거래
업체가 고객의 안전을 보장하는 부가 서비스로 활용할 수 있도록 하
였다.

보안컨설팅 부문은 안티바이러스 솔루션 업체 가운데 유일한 정보
통신부 지정 정보보호 컨설팅 전문업체로서 고품질 컨설팅을 제공하
고 있다. 가장 신뢰할 수 있는 보안 파트너로서 종합적인 컨설팅 방
법론인 ASEM(AhnLab Security Engineering Methodology)과
정보보호 안전진단 서비스인 ASAC(AhnLab Security Audit
Consulting)를 통해 네트워크의 보안 취약점을 진단, 대책을 제시해
주고 있다. 안티바이러스 및 보안 원천 기술과 최신 정보를 바탕으로
컨설팅을 수행해 고객 만족을 극대화하고 있는 셈이다. 또한 컨설팅
수행으로 얻는 네트워크 기반의 기술력과 정보를 통합 보안 솔루션

개발에 반영, 고객의 요구를 한발 앞서 충족시키고 시장을 선도하는 제품을 개발함으로써 글로벌 경쟁력 확보에 주력하고 있다.

구체적으로 보안 서비스인 VBS(Virus Blocking Service)는 인터넷 메일을 통해 급속히 확산되는 악성 코드를 안티바이러스 솔루션의 엔진이 업데이트되기 전에 메일 서버에서 사전 격리해 사내 유입을 차단하는 서비스이다. 이는 사용 중인 보안 제품에 종속되지 않고 독립적으로 서비스 적용이 가능하다는 것이 장점이다. 또한 시그니처DB는 최고 수준의 응급 대응 조직인 시큐리티대응센터에서 패킷 형태로 네트워크를 공격하는 악성 코드를 24시간 365일 실시간으로 수집, 분석해 축적한 정보로서 최근 보안 이슈를 미리 파악해 대처할 수 있도록 지식을 제품화한 것이다.

안철수연구소는 국내 기반을 발판으로 글로벌 시장 개척에도 모범적인 선례를 남기고 있다. 1998년 국내 보안업계 최초로 중국 공안부 인증 획득을 시작으로 2003년 2월 국제인증 '체크마크(Check Mark)' 획득, 2004년 2월 '바이러스 불러틴 100% 어워드' 수상 등 국제적으로도 기술력을 공인받았다.

또한 집중화 전략의 일환으로 해외에서 활발히 사업을 전개하고 있는데, 세계 2위 IT 시장인 일본, 잠재 시장이 큰 중국을 중심으로 전략적인 틈새 시장을 공략하고, 민간기업으로는 드물게 양국 정부에 보안 콘텐츠를 제공하고 있다.

안철수연구소는 벤처 기업이 누릴 수 있는 최고 영예인 동탑산업훈장을 비롯해 정보통신중소기업대상, 국회과학기술상, 경제정의기업상, 한국윤리경영대상 등 기술력과 윤리경영 측면에서 모범 사례로 인정받고 있다.

또 아시아 머니(Asia Money)지 '최우수 신규 상장 기업상', 아시안 월스트리트 저널지 '한국 베스트 직장 5위'에 각각 선정되는 등 세계적으로도 주목을 받았다.

한편 2005년 3월 15일로 창립 10주년을 맞은 안철수연구소는 '비전 2010'을 수립하고 아시아 3대 보안회사 진입을 선언하였다. 그 1단계로 2005년 매출 5백억원을 달성하고 2007년까지 1천억원의 매출을 달성한다는 목표를 정하였다. 비전의 2단계 목표는 2009년 매출 2천억원 달성과 세계 20대 보안회사 진입이다. 설립 15주년이 되는 2010년에는 급변하는 전산 환경과 이에 따른 고객 니즈를 다양한 제품과 서비스를 통해 충족시킴으로써 매출 2천5백억원 달성과 세계 10대 보안회사 등극을 목표로 하고 있다. 세계 10개국 이상에 지사를 둔 다국적 기업으로 거듭나고자 하는 것도 같은 맥락이다.

이러한 과정을 통해 외적인 발전과 내적인 성숙으로 국가 산업 발전에 크게 기여하는 것은 물론 벤처 산업이 국내 산업 발전에서 큰 역할을 담당할 수 있도록 최선의 노력을 기울일 방침이다.

장기적으로는 구성원 모두가 안철수연구소의 핵심 가치를 진심으로 믿고 지속적으로 견지해 나가는 '영혼이 있는 기업'을 만들고 더 나아가 영속하는 기업으로 만들어 간다는 계획이다.

함께 살아가는 사회에 기여하는 존재가 되어야 한다는 확고한 경영 철학과 원칙 중심의 흔들림 없는 리더십으로 건강하고 미래 지향적인 조직 문화의 구심점 역할을 할 수 있는 것이 '영혼이 있는 기업'이라고 판단하기 때문이다.

따라서 안철수연구소는 핵심 가치인 '영혼이 있는 기업'을 스스로 지키지 않는다면 설령 회사가 생명을 이어가더라도 기업의 존재이유가 사라진다는 안철수연구소만의 독특한 가치를 지켜 나가기 위해 노력하고 있다.

- LG전자

>>> 세계와 경쟁하는
혁신의 성공 표본

LG전자는 창립 이후 45여 년간 한국 전자산업의 개척자로서, 21세기 지식정보화 사회를 한발 앞서 열어 가는 선도자로서 항상 전자산업의 중심적인 위치에 서 있어 왔다고 자부하고 있다.

LG전자의 이러한 자부심은 예전 '골드스타' 시절부터 오늘날의 기업 위상에서도 두드러진다. LG전자는 이에 자만하지 않고 최근 환율 급락, 유가 급등 등 어려운 여건에서도 전략 사업에 마케팅 및 R&D 역량을 집중 투입해 경영 목표를 달성하기로 하였다.

주력 제품인 이동통신 단말기, PDP, 디지털 TV 등으로 2005년 약 20% 증가한 30조원에 육박하는 매출을 달성, 명실상부한 글로벌 기업으로 도약한다는 방침이다. 대내외적으로 여건이 좋은 것만은 아니지만 단말기와 LCD, PDP TV 등 고부가가치 제품을 앞세워 북미, 유럽과 브릭스(BRICs, 브라질 · 러시아 · 인도 · 중국) 등 세계 주요 시장을 공략한다는 전략이다.

이에 따라 시나리오별로 다양한 플랜을 마련, 급변하는 상황에 대응하고 있다. 무엇보다 중국의 위안화가 절상될 경우를 대비해 원가 대비 수출 경쟁력과 환율 영향에 대한 대책도 마련 중이다. 2004년 1백억 달러 매출을 올린 중국시장의 2005년 매출 목표는 1백50억 달러이다.

또한 고유가 및 철강과 비금속 등 원가 상승 압력에 대비해 각 사업본부별 경영회의를 통해 경비 감축 지침을 공유하는 등 상시적인 원가절감 운동을 펼치고 있다.

LG전자는 이 같은 방어적인 대응과 함께 경영 환경이 어려울수록 신기술 개발과 우수 인력 유치, R&D에 대한 투자를 늘려 지속적으로 시장 장악력을 높이는 등 공세적인 전략도 강화하기로 하였다.

LG전자의 R&D 부문에 대한 관심은 2010년까지 글로벌 톱 수준에 올라선다는 방침에서도 엿볼 수 있다. 이를 위해 R&D 인력의 인센티브를 팀·개인별 실적에 따라 연봉 격차가 5배 이상 벌어지도록 하고 R&D 인력의 절반에 해당하는 5천여 명에 대해 연봉 인상 수준인 34%의 인센티브를 지급하기로 하였다. 이렇게 될 경우 실수령액 기준으로 평균 1천만원 이상 증가해 동종 업계 최고 수준에 이르게 된다.

LG전자는 또한 해외 R&D 석·박사 인력을 포함, 2005년 2천7백 명의 R&D 인력을 신규로 확보해 전체 R&D 인력을 1만3천 명으로 대폭 확대하기로 하였다. 투자 규모 또한 2004년 대비 약 40% 증가한 1조 8천억원을 R&D 부문에 투자할 계획이다.

LG전자의 향후 구체적인 계획을 살펴보면 2007년 백색가전 분야에서 세계 1위에 오르고 나아가 2010년에는 세계 3위의 전자정보통신 기업으로 도약한다는 계획으로 PDP TV는 2006년 세계 1위, LCD TV는 2008년 세계 시장 1위라는 목표를 세웠다. 이미 영국, 독일, 스페인, 사우디아라비아 등 17개 국가에서는 PDP TV시장 점유율 1위에 올랐다.

생활가전의 경우 2005년 러시아에 공장을 설립, 글로벌 생산 기지 건설이라는 1차 목표의 완성을 목전에 두고 있다. 이 분야의 2007년 매출은 15조원으로, 세계 1위가 된다는 것이다.

또한 글로벌 경쟁력을 갖기 위해 예전부터 실시해 오던 LG전자 고유의 혁신 기법과 툴 등으로 중무장하고, 세계 일등 기업이 되기 위해 심혈을 기울이고 있다.

LG전자의 대표적인 혁신 툴은 1990년대 초 전자업계 최초로 도입해 생산 현장에 적용하고 있는 6시그마를 들 수 있다. 도입 당시 1백만 개 중에 3~4개의 불량만을 허용하는 수치는 불가능한 목표처럼 보였지만 확신과 열정을 가지고 끊임없이 도전한 결과, 에어컨·세탁기 등의 핵심 부품 불량률을 90%까지 줄이는 등 품질 혁신이 이루어졌다.

이를 계기로 생산 현장은 물론 경영 전반으로 6시그마가 확대되어 전사적인 혁신 활동으로 자리 잡았으며, 6시그마의 성공적인 실행으로 1990년대 말 IMF 경제 위기 또한 단시간 내 극복하고 글로벌 기업으로 도약할 수 있는 경쟁력도 확보할 수 있었다. 6시그마는 앞으로 LG전자가 '글로벌 톱 3'로 도약하기 위한 가장 효과적인 경영 혁신의 툴이 될 것이다.

글로벌 경쟁력을 갖기 위한 LG전자의 의지는 TDR이라는 고유의 혁신 기법에서도 나타난다. 기존의 틀을 깨고 재설계한다는 뜻의 TDR(Tear-Down & Redesign)은 혁신적인 원가절감, 최고의 제품 성능을 목표로 하는 LG전자만의 혁신 기법이다.

LG전자는 2005년 4월 10일 사회공헌 헌장 선포 이후, 노경이 함께 「장애인 금강산 등반대회」에 참가, 사회공헌 활동에 더욱 박차를 가하고 있다.

LG전자는 이동통신 단말기, PDP, 디지털 TV 등을 주력 제품으로 하여 명실상부한 글로벌 기업으로 도약하고 있다.

이는 사내 각 분야의 전문 인재들이 모여 팀을 구성, 발상의 전환을 통해 해당 과제를 한 번에 해결하는 프로젝트 방식으로 운영되고 있다. TDR 과정은 경영자들과 수시로 커뮤니케이션을 가져 신속하게 성과를 창출해 내고, 매월, 매년 우수 사례를 선정하여 전 직원이 TDR을 통해 구현된 지식과 성과를 공유하고 있다. 1996년에 시작된 TDR은 현재 전사적으로 1천여 개가 넘는 팀이 활동하고 있으며 이로 인해 괄목할 만한 경영 성과를 달성하였다. LG전자는 앞으로 TDR을 지식경영과 접목하여 더욱 발전시켜 나간다는 계획이다.

LG전자는 또한 1987년과 1989년 민주화의 소용돌이 속에서 끊이지 않았던 노사분규를 통해 노사(勞使)가 아닌 노경(勞經)이라는 새로운 패러다임으로 전환, 노경 관계 발전의 분수령이 되었다.

기존의 제몫 찾기, 제몫 지키기 중심의 수직적 노사 관계가 아닌 '경쟁력 제고와 삶의 질 향상'이라는 노경 공동의 목표를 위해 근로자와 경영자는 서로의 기능과 역할이 다를 뿐 동등한 입장에서 신뢰하고 존중하며 '제 역할 다하기', '제자리 지키기'에 노력하는 수평적 노경 관계로 발전시킨 것이다. 노경 혁신을 추진해 오면서 조직 문화로 자리 잡은 노경 화합은 노경이 함께 문제를 해결하며 새로운 가치를 창출해 내는 가치 창조의 노경 관계로까지 발전하였다.

이러한 노경 문화로 인하여 매년 20% 이상의 매출 신장과 6시그마 수준에 이른 품질 수준뿐 아니라 현장 사원들의 문제해결 스킬과 현장 자율 경영 시스템은 세계 초우량 기업과 비교해도 결코 뒤지지 않는다. LG전자의 노경 화합은 국내외에서도 인정하여 1998년 노사 화합대상 대통령상 수상에 이어 2001년 아시아 · 태평양 지역 노사 전문가들이 만든 우수 사례집에 선정되기도 하였다.

LG전자는 국내 유수의 기업이라는 위상에 걸맞게 사회공헌 활동에도 적극적이다.

국내는 물론 해외 각지에서 이웃 사랑의 정을 나누고 있는데 매달 급여에서 1천원 미만의 금액을 적립하여 기금을 만들고 이를 바탕으로 직접 사회봉사활동에 나선 '우수리 기금'은 LG의 사회봉사 정신을 보여 주는 사례이다.

1997년에는 희귀 질병인 근육병 어린이 돕기 운동을 전개하였고, 2001년에는 인도 지진 피해 복구 및 2003년에는 태풍으로 피해를 입은 수재민에게도 물질적·정신적인 도움을 주었으며 지역 사회의 구성원들에게 신뢰를 쌓아 가고 있다.

사원들의 자발적인 참여 역시 빼놓을 수 없다. 진주에 있는 '한마음의 집' 정신지체 장애아들과 따뜻한 사랑을 나누고 있는 LG전자 노동조합 창원지부 사원들이나 무의탁 노인들에게 따뜻한 식사를 대접하는 청주공장의 젊은 사원들과 같이, 전국 사업장 곳곳에서 드러내 보이지 않으면서도 따스함을 실천하고 있다.

국내에서뿐만 아니라 해외 법인들도 현지 지역의 불우하고 소외된 지구촌 이웃을 돕기 위한 노력을 계속해 오고 있다. 실례로 2000년부터 멕시코 '소녀의 집'을 후원하고 있으며, 2002년부터는 중동과 아프리카에서 유아 선천성 상구순열 환자들에게 무료 시술을 하였으며, 2003년에는 모로코, 파키스탄, 이집트 등지에서 'LG Hope 사랑의 무료 시술 행사'를 펼쳤다. 또 LG전자는 러시아 블라디보스토크에 건설되는 소아암재활센터 건립 기금을 지원하였으며, 중국과 러시아에서는 매월 임직원들이 급여의 일부분을 모금해 복지 시설을 지원하는 등 현지인들의 어려움을 함께 하는 이웃과 같은 기업 이미지를 심어 나가고 있다.

또한 2002년부터 태국에서 시행하던 마약 퇴치 캠페인을 필리핀까지 확대하였으며 네덜란드에서는 장애아들을 위한 축구클럽을 지원하였고, 중국에서는 선양시에 LG희망소학교를 세워 그들에게 교육 시스템을 지원하였다.

이와 같은 사회 봉사 활동은 LG전자 및 계열사 전체의 사회봉사 활동에 기폭제가 되었을 뿐만 아니라, LG의 구성원으로서 강한 자부심을 갖게 하는 밑거름이 되고 있다.

- 삼성SDI

>>> '지속가능 경영' 구현하는 선도 기업

지난 35년 간 디스플레이 전문기업으로서 명성을 공고히 해온 삼성SDI는 성공적인 디지털 디스플레이와 차세대 에너지 사업을 통해 디지털 모바일 기업으로 거듭나고 있다.

삼성SDI는 디스플레이의 혁명이라 할 수 있는 컬러 브라운관에서부터 평판 디스플레이의 선두 PDP, 모바일 디스플레이의 중심 LCD와 OLED, 그리고 이동통신기기의 심장이라 할 수 있는 2차 전지까지 세계 정상의 디스플레이 기술을 바탕으로 첨단 수준의 디지털 제품을 개발해 왔다.

또한 21세기 경영의 화두인 '지속가능 경영(Sustainability Management)'을 국내 최초로 도입, 신뢰할 수 있고 존경받을 수 있는 글로벌 기업상을 구축하기 위해 끊임없는 노력을 펼치고 있다.

삼성SDI는 2004년 말 세계적으로 권위 있는 평가 기관이 선정하는 글로벌 초일류 기업 대열에 합류하였다. 국내 기업 최초이자 유일하게 2005년 다우존스 지속가능경영 지수(Dow Jones Sustainability Indexes, DJSI)에 선정된 것이다.

DJSI는 세계 최대 금융정보사인 미국 다우존스와 세계적 자산 관리사인 스위스 SAM(Sustainable Asset Management)이 공동으로

1999년부터 조사·발표하는 전 세계에서 가장 권위 있는 기업의 지속가능경영 종합 평가지수로, 세계적인 기업들을 대상으로 지속가능경영 분야에서 선도적인 기업들의 재무 실적을 검토한 후 투자기관과 투자자들에게 제공되며 투자 판단의 주요 기준이 된다.

삼성SDI는 2005년 DJSI 회원 자격을 인정받고 DJSI 로고를 기업 설명회와 각종 공시, 대외 홍보 자료에 공식적으로 일 년간 활용하는 등 기업 이미지 제고에 크게 기여할 수 있는 기틀을 마련하였다.

DJSI는 재무 정보의 파악에 그치지 않고 사회적·윤리적·환경적 가치들을 종합적으로 판단하는 사회책임투자(Socially Responsible Investments, SRI) 지수 가운데 하나이다.

기업의 투명성과 사회적 책임성을 보증하는 지표로 DJSI에 선정된 기업은 대대적인 마케팅과 홍보를 통해 투자 유치와 이미지 제고의 기회로 삼고 있으며, 실제 DJSI에 편입된 기업들의 주가 상승률이 일반 기업의 상승률보다 훨씬 높은 것이 일반적이다.

그러므로 삼성SDI가 DJSI에 편입되었다는 것은 여러 모로 주목받을 만한 것이다. 기업이 높은 수익을 내고 성장성이 높을 뿐만 아니라 사회적·윤리적·환경적 책임을 수행하고 있는 기업으로서 국제적인 공인을 받았다는 의미이다. 현재 전 세계 많은 기업들이 지속가능 보고서를 발간하고 설문 조사에 적극 대응하기 위해 특별 태스크 포스도 조직하는 등 각별한 노력을 기울여도 DJSI에 편입하지 못하거나 탈락하는 기업들이 속출하고 있는 상황이기 때문이다.

삼성SDI가 국내 최초로 DJSI에 편입된 것은 △CEO의 강력한 의지 △국내 최초 지속가능 보고서 발간(Sustainability Report) △전사 사업장별 지속가능경영위원회 운영 △꾸준한 개선 활동 및 투자 △체계적인 전담 조직 구성 △구체적인 실행 전략 등이 높은 평가를 받았기 때문인 것으로 분석하고 있다.

또한 지금까지 신규사업으로 분류되었던 PDP · OLED · 2차 전지 사업을 2005년 3대 육성 사업으로 선정하여, 공격적이고 차별화된 마케팅 전략과 한발 앞선 신제품 출시로 신 성장엔진으로 완전히 자리를 잡는다는 목표를 세웠다.

특히 연료전지, 전계발광디스플레이(FED), 플렉서블(Flexible) 디스플레이 등 차차세대 디스플레이 및 에너지 사업은 집중적인 연구개발과 신속한 투자를 통해 조기에 사업 역량을 확보할 방침이다.

이를 통해 2004년에 이어 2005년에도 사상 최대의 이익 행진을 이어감으로써 2010년 연간 매출 20조원, 이익 3조원이라는 중장기 비전을 달성해 나갈 계획이다.

또한 원가 절감과 생산성 확보, 한발 앞선 마케팅 전략으로 양과 질을 모두 만족시켜 세계 디스플레이 시장의 독점적 지위를 강화한다는 세부 전략도 마련하였다.

브라운관과 액정표시장치(LCD)의 양대 기존 사업은 원가 절감과 생산성 강화를 통해 시장 지배력을 더욱 높여갈 계획이다. 특히 32인치 빅 슬림 브라운관의 본격 양산을 통해 브라운관이 사양 산업이 아니라 고화질과 저렴한 가격을 동시에 갖춘 '디지털TV 시대' 최고의 디스플레이임을 적극적으로 홍보하고 있다.

2004년 처음 시장 점유율 1위(25%)를 차지한 PDP는 PDP 3라인을 본격 가동해 1~3라인을 합쳐 총 25만 개의 월 최대 생산 능력을 갖출 뿐 아니라 제조 원가 및 판매가도 현재보다 40% 이상 낮추어 세계 1위의 자리를 굳건하게 지킬 계획이다.

능동형 OLED 양산화도 가속화하여 이미 세계 1위에 오른 수동형 OLED 제품과 함께 다양한 제품군으로 세계 시장을 공략한다는 전략이다.

한편 삼성SDI는 직원들이 직장에서 보람을 찾을 수 있도록 하는 경영에도 무게중심을 두고 있다. 이는 직원들의 만족이 고객과 주주 등의 만족으로 이어진다는 신념에 기초한 것이다.

삼성SDI는 2004년 한국경제신문사와 엘테크경영연구소가 제정·시상하는 '한경레버링 훌륭한 일터상'에서 감성경영으로 최우수상을 받았다. 김순택 사장은 2004년 성년을 맞은 사원들에게 말하는 곰 인형을 선물하기도 하였는데 인형의 배꼽 근처 작은 버튼을 누르면 "SDI의 미래 주역인 여러분들의 성년을 축하하며 책임과 의무를 다하는 진정한 SDI의 희망이 되어 주길 바랍니다."라는 사장의 목소리가 흘러나왔다.

이 밖에도 삼성SDI는 찜질방에서의 '신임 부장-CEO 간담회', '사랑의 카드 보내기', '칭찬 퍼레이드' 등을 통해 직원들에게 신나게 일할 수 있는 일터를 제공하며 비전, 꿈을 줄 수 있는 기업 목표를 실천하고 있다.

또한 삼성SDI는 올바른 기업관을 공유하고 정도경영을 실천하기 위해 윤리강령을 선포하였으며 고객의 제보를 신속하고 공정하게 처리, 부정이 없고 청결한 기업을 만들기 위해 사이버감사팀을 운영하고 있다.

한편 사회공헌 활동에 꾸준한 관심을 기울여 온 삼성SDI는 선진국형 기부 제도인 '매칭 그랜트'를 국내에서는 처음으로 도입하였는데, 최근에는 대기업과 중견기업들이 적극 참여하는 토대가 되어 사회공헌 문화의 발전에 이바지하였다는 평가를 받고 있다.

매칭 그랜트란 임직원들이 봉사활동 및 공익사업을 위해 기부금을 낼 경우 회사가 같은 금액을 후원하는 제도이다. 예를 들어 직원들이 급여의 1%를 모아 1억원의 기부금을 조성하면 회사에서도 1억원을 마련, 총 2억원의 기부금을 내는 방식이다.

삼성SDI는 '사랑의 빛' 매칭 그랜트 펀드를 운영해 5년 만에 18억 2천만원을 적립하였으며, 직원의 상당수(75%)가 참여하고 있다. 이와 같이 적립된 기부금은 영세 복지시설의 운영비에 쓰이거나 정신·지체 장애인 및 독거노인, 소년소녀 가장 등 따스한 도움을 필요로 하는 사람들에게 사용된다.

삼성SDI는 또 앞을 못 보는 시각장애우들과 영상 세계를 함께 한다는 취지 아래 1995년부터 현재까지 의료법인 실로암 안과병원과 협약을 맺고 무료 개안 수술을 지원하고 있다. 백내장·녹내장 등 안질환에 대해 중점적으로 치료와 수술을 지원하여 잃어버린 시력을 되찾아주고 있으며, 대상자는 주로 영세민과 소외계층이다. 삼성SDI는 2003년까지 실명자 2천80여 명에게 빛을 볼 수 있도록 하였다.

이 외에도 서울, 부산, 수원, 천안 등 각 사업장에서도 수많은 봉사팀들이 활발한 봉사활동을 벌이고 있으며 말레이시아, 중국, 멕시코, 브라질, 독일 등 해외 법인 역시 시각 장애우, 빈민, 교민 등을 대상으로 '나눔의 경영'을 몸소 실천하여 호평을 받고 있다.

- SK텔레콤

>>> 혁신을 지향하는
정보통신 발전의 산 증인

SK텔레콤은 국내 최초 제1세대 아날로그 이동전화 시대 개막, 세계 최초 CDMA 기술 상용화 성공으로 제2세대 이동통신 시대 실현, 세계 최초 2.5세대 CDMA 2000 1X 서비스와 세계 최초 3세대 동기식 IMT-2000(CDMA 2000 1xEV-DO) 상용화, 제4세대, 제5세대 미래 정보통신까지 20여 년 동안 굵직굵직한 기술력으로 쉬지 않고 달려왔다.

2004년에는 매출 9조 7천37억원, 당기순이익 1조 4천9백49억원으로 대한민국을 대표하는 정보통신 기업으로 자리매김한 SK텔레콤의 이와 같은 성장은 고객들의 지속적인 애정과 성원이 뒷받침되었기에 가능하였다.

SK텔레콤은 이러한 고객들의 신뢰에 부응하기 위해 부단히 노력하고 있다. 특히 급변하는 경영 환경에 능동적으로 대처하고 기존 변화관리(Change Management)보다 고도화하고, 새로운 미래를 준비하기 위하여 중장기적인 차원에서 근본적, 구조적인 변화를 추진하고 있는데 2004년 3월 창립 20주년을 맞아 선포한 '신(新) 가치경영'이 바로 그것이다.

SK텔레콤 경영의 주요 기조인 '신 가치경영'은 고객, 주주, 구성

SK텔레콤은 기업시민정신을 바탕으로 기업
의 이윤을 사회로 환원하는 사회공헌 활동
을 하고 있다. 사진은 사옥 전경.

SK텔레콤의 기술력은 세계적으로도 인정받고 있다. 이는 대한민국 고객들의 믿음
이 큰 힘이 되었다.

원의 개발가치뿐만 아니라 총체적인 미래가치를 극대화한다는 점에서 전통적인 기업가치와 차별화된 개념이라는 평가를 받고 있다.

'신 가치경영'은 △다양한 서비스를 통해 고객의 미래 생활을 변화시키고 삶의 질을 높이며 △투자자들에게는 차별화된 SK텔레콤만의 미래가치를 제공하고 △구성원에게는 회사와 개인의 미래 비전을 함께 공유하고 만끽하게 하기 위한 것이다.

이러한 목표를 달성하기 위한 3대 추진 방향으로는 △고객·주주·구성원 가치의 선순환적 극대화 △공중·사업파트너·정부 등과의 상생적 관계 구축 △유기적이고 효율적인 경영 인프라 구축 등을 설정하였고, 또 △지속 가능한 생존기반 구축 △가치 혁신을 통한 성장 추구 △미래 성장 기회 선점 등을 3대 원칙으로 확정하였다.

SK텔레콤은 명실상부한 대기업답게 주주가치 경영 실현과 투명경영에도 심혈을 기울이고 있다.

2001년부터 매년 배당 성향을 높여 온 SK텔레콤은 2005년 3월 제21기 정기 주주총회를 열고 주주가치 경영 실현을 위해 2005년 4월 지급 주당 현금 배당금을 특별배당금을 포함한 9천3백원으로 확정하였다. 이로써 2004년도 총 주당 현금배당금은 8월에 지급한 중간 배당을 포함하였을 경우 1만3백원에 이른다. 2005년에는 2004년 정기배당 성향보다 10% 포인트 높은 35% 수준으로 정기배당을 실시한다는 방침이다.

또한 기업 지배 구조 향상을 위해 사외이사 비중을 총 이사 수의 과반수가 되도록 정관을 변경하고, 이사회 중심 경영을 강화하여 소액주주들의 권익을 보호할 수 있는 장치를 마련하였다.

SK텔레콤은 자원봉사 활동을 사회 저변에 확산시키기 위해 '자원봉사 포털 사이트'를 개설하였다.

SK텔레콤은 아름다운 재단과 함께 '아름다운 통화' 기금을 설립하였다.

SK텔레콤은 4명에서 7명으로 사외이사 수를 확대함으로써 사외이사추천위원회, 감사위원회, 투자심의위원회, 보상심의위원회 등 4개 소위원회의 효과적 운영을 위해 필요한 사외이사를 확보하였으며, 사외이사의 비중을 확대하여 견제형 이사회보다는 가치창출형 이사회를 지향하고 있다.

이에 앞서 SK텔레콤은 국제 수준의 회계 투명성 강화를 위해 2005년 1월 국내 최초로 외부 감사인을 위한 전용 감사실을 설치하고 상시 감사 체제에 돌입하여 화제를 낳았다.

SK텔레콤은 경영 투명성 강화를 위해 국내 기업으로서는 처음으로 내부거래에 대한 사외이사 사전 승인 제도를 도입하였고, 2000년 회계 · 자금 · 예산 · 구매 분야 ERP 시스템 구축, 2003년 투자심의위원회 등 소위원회 제도 도입 등 글로벌 스탠더드 수준의 경영 투명성 확보를 추진해 왔다.

또한 지속적으로 추진되어 온 경영 투명성 강화 작업의 일환으로 외부 감사인인 하나회계법인과 함께, 2005년부터 시행되는 집단 소송제 및 미국의 기업개혁법인 '샤베인-옥슬리법'의 적용 등 회계 관련 법규 강화에 따라 회계 투명성을 극대화하기 위해 상시 감사 체제를 도입키로 하고, 외부 감사인을 위한 전용 감사실을 설치하였다.

전용 감사실은 서울 을지로2가 SKT 타워 30층에 마련되어 글로벌 감사를 위한 컨퍼런스 콜 시스템, 빔 프로젝트를 비롯한 프레젠테이션 시스템 등을 완비하고, 회계 시스템인 ERP 시스템을 개방하여 언제라도 외부 감사인이 회계 정보를 파악할 수 있도록 하였다.

SK텔레콤은 국내와 미국의 회계기준 감사에 입각하여 2004년 총 6

천 시간 이상의 감사를 진행한 데 이어, 2005년에는 내부통제절차 감사를 포함하여 감사 시간을 30% 이상 확대하는 등 선진국 수준의 상시 감사 체제를 도입하였다.

이러한 상시 감사 체제 도입과 세계적 수준의 내부 통제 시스템의 구축 및 시행으로 회계 투명성과 재무 정보의 신뢰성이 한층 향상될 것으로 기대된다.

또한 국내의 대표적인 정보통신 기업으로 우뚝 서게 된 것은 고객들의 사랑과 믿음이 있었기에 가능하다고 판단하고 기업시민정신을 바탕으로 기업의 이윤을 사회로 환원하는 사회공헌 활동에도 많은 공을 들이고 있다.

2004년 3월 'SK텔레콤 사회봉사단'을 공식 발족, 전체 4천여 명 가운데 현재 1천3백여 명의 임직원들이 자원봉사활동에 적극적으로 참여, 더불어 사는 삶을 실행에 옮기고 있다. SK텔레콤 사회봉사단 발족은 그동안 산발적으로 이루어지던 사회공헌 활동이 전사적이고 전국적인 차원으로 확대된 것을 의미하며 내용과 형식 면에서도 훨씬 업그레이드된 것이다.

최근에는 정보화에 소외된 이들에게 정보 격차 해소를 위한 지원 강화는 물론 사회의 저소득층 가정 및 장애우, 소외계층들과 하나 되는 따뜻한 세상을 만들기 위한 사회공헌 활동을 더욱 다양하게 펼치고 있다.

시민단체들과의 적극적인 연대 및 협력을 통해 보다 전략적이고 장기적인 관점에서 사회공헌 활동을 펼칠 수 있도록 네트워크를 강화하고 있다. 이와 함께 모든 임직원들이 자발적으로 사회공헌 활동에 참여할 수 있는 기반을 마련하는 데 주안점을 두고 향후에도 자발적으로 구성된 단위 조직별 사회봉사단을 적극 지원해 나간다는 방침이다.

한편 2004년 9월에는 중앙대와 '사회적 책임과 윤리'라는 경영학 과목을 공동 개발하였고, 이 대학 경영학과에서는 SK텔레콤의 사회공헌활동을 케이스 스터디로 선정할 정도로 크게 주목을 받았다.

SK텔레콤은 이동통신시장의 경쟁력을 바탕으로 다가올 10년을 준비하기 위한 도약의 발판을 마련하고, 새로운 시대의 패러다임으로 등장한 통신과 방송의 융합 서비스를 위해 위성DMB 상용 서비스를 제공할 계획이다.

또한 유비쿼터스 시대에 대비하기 위해 제주 텔레매틱스 시범 사업과 광대역통합망(BcN) 시범 사업, 유무선 금융 포털 사업과 디지털 홈 사업 등 신규 사업을 지속적으로 발굴, 추진하겠다는 계획을 수립해 놓고 있다. 다시 말해 지속적인 경쟁력 강화를 통해 유비쿼터스 시대를 선도하는 세계 정상의 기업으로 도약한다는 목표를 세워 놓고 있다.

■ 풀무원

>>> '정직한 먹거리' 식탁 문화의
조용한 혁명

풀무원은 1981년 5월 서울 압구정동에 문을 연 작은 채소가게 '풀무원 무공해 농산물 직판장'에서 출발하여 당시 개념조차 생소하던 유기농 식품을 국내에 선보였다. 최근 한창 유행하고 있는 '웰빙'의 대부격인 셈이다.

'내 가족이 안심하고 먹을 수 있는 식품'이라는 캐치프레이즈를 내건 풀무원이 처음부터 성공을 한 것은 아니다. 재래시장의 콩나물과 두부에 익숙한 주부들에게 포장두부, 포장콩나물은 매우 낯선 상품이었지만 까다로운 주부들 사이에 입소문이 퍼지면서 성장의 기틀을 마련하게 되었다.

야채가게를 개점한 지 3년 만인 1984년 5월에는 풀무원식품(주)이 설립되었고, 과학적인 단위 포장제와 일일 냉장 배달제가 도입되었다. 풀무원 발전에 견인차 역할을 한 '풀무원 레이디'도 이때 등장해 폭발적인 인기를 끌었다. 화장품 업계의 '방문 판매'를 식품회사에 도입해 주부들의 시선을 끄는 데 성공한 것이다.

풀무원이 법인을 설립한 첫 해에 거둔 매출은 1억원도 채 안 되는 7천8백만원에 불과하였지만 10년 만인 1994년에는 1천7백50억원의 매출을 기록한 데 이어 이후 3천2백억원으로 기하급수적으로 상승하였다. 계열사와 관계사 매출을 합친 총 매출액은 5천5백억원에 이르렀다.

풀무원이 이와 같이 성공할 수 있었던 것은 '고객 중심주의', '한 발 앞선 아이디어', '틈새시장 개척'이 맞아떨어졌기 때문이다.

풀무원은 2004년 5월 창사 20주년을 맞아 새롭게 도약하고 있다. 풀무원은 현재 건강식과 먹는 샘물 등 '먹는 식품' 사업에만 집중해 왔던 역량을 생활용품과 화장품, 외식, 유통사업 등으로 공격적으로 확장해 나가는 중이다. 2004년 초에는 미국 와일드우드 식품회사를 인수, 글로벌 경영에도 본격적으로 나서고 있다.

20여 년 만에 '풀무원 신화'로 일컬어질 정도로 괄목할 만한 성장을 일군 풀무원의 철학은 '이웃 사랑'과 '생명 존중'의 정신에 기본을 두었는데, 이웃 사랑 정신은 '자연 그대로의 신선하고 안전한 먹거리를 고객에게 제공'하는 것으로 믿을 수 있는 식품을 만든다는 풀무원의 의지를 담고 있다.

생명 존중 정신은 이웃 사랑의 정신을 구현하기 위해 생명의 근원인 자연을 사랑하고 살리는 것으로서 작은 생명도 마음 놓고 살 수 있는 자연, 환경을 가꾸어 나가겠다는 사람과 자연과의 약속이다. 자연을 자연답게 살려야 사람이 사람답게 살 수 있다는 판단에 따른 것이다. 풀무원은 식품을 제조, 공급하는 기업으로서 이 두 가지 원칙을 지키는 데 최대 주안점을 두고 있다.

이를 바탕으로 이웃 사랑 정신과 생명 존중 정신을 위해 풀무원은 품질관리 원칙과 환경보전 원칙을 부여하고 있다. 이것이 전제되지 않고서는 고객을 만족시킬 수 없다는 신념 때문이다. 품질관리 원칙은 자연 그대로의 신선함을 유지하며 안전한 식품을 공급한다는 것으로, 구체적으로 원료 품질 관리와 무첨가성의 원칙, 최고 위생 상태의 원칙을 준수한다.

즉 제품의 안전을 위해 원료 산지를 엄격하게 관리하고 화학물질을 첨가하지 않으며, 제조에서 유통에 이르기까지 최고의 위생 상태를 유지한다는 것이다.

한편 풀무원은 풀무원 브랜드 사업과 서비스 브랜드 사업, 전문 기능 사업, 해외 사업 등을 펼치고 있다.

풀무원 브랜드 사업은 ㈜풀무원을 중심으로 두부, 콩나물, 면류, 냉동식품류, 조미식품류, 김치류 등의 생식품 사업과 녹즙, 과채 음료 등의 건강 음료 사업으로 구성된다. 풀무원 건강생활㈜에서는 건강식품생활 사업을 하고 있고, 풀무원 샘물㈜에서는 먹는 샘물 사업을 수행하고 있다.

서비스 브랜드 사업의 경우 ECMD는 단체 급식과 식자재 관련 사업을 하고 있으며, ORGA는 친환경식품 전문 매장을 운영하고 있고, 전문 기능 사업은 물류 사업과 IT 사업 등이 있으며 해외 사업도 추진 중이다.

이 사업들의 브랜드를 보면 풀무원은 생식품 프리미엄 브랜드로 국산 원료를 사용하고 있으며 찬마루는 생식품 전문 브랜드로 수입 원료를 사용하고 있고, 그린체는 건강식품에, 면류에는 생가득이라는 브랜드를, 유기농 전문매장 브랜드는 ORGA를 사용한다. 이처럼 풀무원은 명확한 브랜드 체계를 갖추어 프리미엄 브랜드에는 '풀무원'을 사용하지만 나머지 브랜드에는 개별 브랜드를 사용하고 있다.

풀무원은 '자연, 신선함, 안전함'을 기준으로 설정해 고객에게 수준 높은 '자부심' 등을 전달하고자 하는 브랜드 전략을 펼치고 있다.

'풀무원'이라는 브랜드는 국산 원료를 사용한 프리미엄 제품에 사용하고 있으며, '찬마루' 브랜드는 수입 원료를 사용하여 소비자에게 명확성을 제공하고 있다. 대부분의 기업이 원료가 국산이냐 수입산이냐에 따라 브랜드 전략을 다르게 운용하는 것과 달리 풀무원은 명확하게 브랜드를 구분, 사용함으로써 소비자들이 각 브랜드를 믿고 구매할 수 있는 환경을 조성해 놓은 것이다.

또한 자연이 건강하여야 인간도 건강해진다는 믿음으로 인간과 자연을 함께 생각하는 데 초점을 맞추고 사회공헌 활동을 꾸준히 펼쳐오고 있다. 1993년부터 제품에 '지구사랑 마크'를 부착해 환경보전에 대한 실천 의지를 회사 안팎에서 다짐하고 판매액의 0.1%를 적립하여 환경과 이웃을 위한 사회공헌 활동에 사용한다. '지구사랑 마크'는 풀무원 사회공헌 활동의 기반이자 상징이며 앞으로도 변함없이 '이웃 사랑'과 '생명 존중'을 실천하겠다는 풀무원 고객에 대한 약속이다. 또한 1994년에는 환경보전 원칙을 제정하고 제품의 개발, 생산, 유통의 전 과정에 적용하기 시작하였다.

풀무원 임직원들은 매달 급여에서 일정액을 '이웃 사랑 기금'으로 적립하여 어려운 이웃을 위해 사용하고 있다. 이 기금은 1980년대 후반 풀무원 농장의 원경선 원장이 풀무원 레이디들을 대상으로 기아 난민 돕기 운동을 펼치면서 처음으로 만들어졌고, 점차 확산되어 현재는 풀무원 임직원의 80% 가량이 이 모금 활동에 자발적으로 참여하고 있다.

풀무원은 이웃 사랑을 더욱 적극적으로 실천하기 위해 매월 20일을 '이웃 사랑 실천의 날'로 정하여 전국 25개 사업장에서 다양한 행사를 진행하고 있고, '매칭 그랜트' 제도를 실시하여 임직원의 기부 문화를 장려하고 적극적인 동참 의지를 표명하고 있다. 이 제도를 통해 적립된 금액은 각 사업장 인근 초등학교 결식아동들에게 점심식사 비용으로 지원된다. 또한 2003년 8월에는 '아름다운 재단'에 연간 2억원을 기탁하였고, 재단이 '풀무원 푸른 세상을 여는 기금'을 만들어 운용하도록 약정하였다.

이 기금은 크게 △정부와 민간단체의 지원에서 소외된 아동을 선별하여 오페라, 뮤지컬 등 문화 행사를 즐기게 하는 '문화 나눔' △소외계층이나 시설에 수용된 아동을 대상으로 여름·겨울 방학을 이용하여 실시하는 '생태 여행(이 여행은 풀무원의 정신에 맞는 '바른 먹거리'와 연관된 장소를 찾아 보통 3박4일 일정으로 진행된다.)' △아동이나 청소년들이 기거하는 복지시설 옥상에 토종 꽃, 채소, 과일나무 들을 심어 만드는 '하늘 정원' 등의 사업에 지원되고 있다.

이 밖에도 풀무원은 초록이 드문 대도시 초등학교를 중심으로 하여 '생명의 텃밭'을 일구어 주고 있다. 이 사업은 생명의 모태인 땅에서 자라는 풀 한 포기, 곤충 한 마리도 생명으로서 고귀한 가치가 있음을 아이들에게 체험케 하기 위한 의도이다.

아이들이 채소가 흙과 물과 햇볕의 조화로 자라나는 신기한 모습을 관찰하는 동안 저절로 생명 존중의 심성을 기르게 될 것이라는 판단 때문이다. 풀무원은 '생명의 텃밭'을 매년 2개 교씩 확대 지원한다는 방침이다.

3장

총체적 혁신의 컨버전스,
존경받는 기업

진단과 처방 : 2005년 한국 경제

2005년 한국 경제의 향방은 여전히 불투명하다. 대외적으로는 수출 증가세가 둔화될 것으로 보이고 내수 민간 소비의 회복 시기도 예상보다 지연될 것으로 전망된다.

특히 2004년 민간 소비는 2년 연속 마이너스 성장을 기록하면서 1970년대 이래 처음으로 2년 연속 감소하였고, 고용 불안이 지속되고 가계부채 부담이 가중되면서 특소세 폐지 등 잇단 소비 촉진 정책이 무위로 돌아갔다. 소비 심리는 외환 위기 이후 최악의 상황이라고 표현하기도 한다.

그럼에도 불구하고 2004년 국내 상장기업들은 사상 최고의 실적을 기록하였다. 삼성전자가 순익 10조원 시대를 연 것을 비롯하여 현대자동차, 포스코, LG필립스LCD, SK텔레콤, 한국전력, LG전자, 하이닉스, SK, KT 등은 무려 1조원 이상의 순익을 냈다. 이는 국내 경기 침체에 대한 우려를 도리어 무색하게 하는 대목이라 할 수 있다. 특히 LG마이크론, 웅진코웨이, 현대모비스 등도 2003년 대비 20% 이상의 매출 신장을 이루었다. 휴대전화기 등 정보통신 산업의 수출은 2003년 대비 31%나 증가하는 사업 실적을 올렸다.

반면 중소기업들의 상황은 성장 가도에 박차를 가하고 있는 주요 대기업과는 전혀 달랐다. 순익 1조원 시대와 무관하게 중소기업들은 경영 악화를 거듭하였고, 결국 산업 · 기업 · 계층 간 양극화 현상으로까지 이어지고 있는 실정이다.

이처럼 2004년은 한국 기업들의 명암이 뚜렷이 갈린 한 해였다. 그렇다면 이러한 명암의 차이는 어디에서 비롯된 것인가. 성공을 거듭하고 있는 기업들에게서 공통적으로 찾을 수 있는 성장 요인은 무엇이며 실패한 기업들의 패인은 또 무엇인가.

답은 하나이다. 결국 기업이 끊임없는 혁신을 추구하고 있느냐의 여부이다.

꾸준히 성장하는 기업들의 특징은 기술 혁신과 제품 혁신을 끊임없이 추구하고 해외 신규 투자와 R&D 투자 등을 우선시 하는 반면, 중소기업 등 많은 기업들은 경영 악화로 구조조정 등 혁신이 시급한 실정이었음에도 이를 실행에 옮기지 않았다.

그렇다면 과연 기업 혁신이란 공허한 구호인가. 그렇지 않다면 지극히 타당한 이 구호가 왜 뿌리를 내리지 못하고 있는가. 혁신의 구호가 무의미하게 남발되고 있는 것은 아닌가. 단지 성공한 몇몇 기업들만의 사례가 과대 포장되어 모방과 유행을 부추기고 있는 것은 아닌가.

하지만 이에 대한 해답은 의외로 단순 명료하다. 결국 기업의 여건 및 인프라, 문화적 토양 등 해당 기업 상황에 맞는 혁신론이 주창될 때에만 기업 혁신은 성공이라는 결실을 맺을 수 있다는 것이다.

그렇다면 혁신의 방법론을 보다 세부적으로 살펴보고자 한다. 먼저 기업 활동을 크게 경영·마케팅·생산의 세 가지 측면으로 나누어 각각에 해당하는 글로벌 경쟁력 강화를 위한 경영전략 핵심 사항과 각 산업별 경영 혁신을 위한 주요 사항들을 크게 제조업·서비스업·공공 부문으로 구분하여 살펴보고자 한다.

한 가지 밝혀 둘 것은 이 모든 작업이 '존경받는 기업'이 매력적이면서도 현실적인 방안임을 밝히는 연장선상이라는 점이다. 한국 경제 성장의 마지막 비결은 바로 '존경심'이다.

글로벌 경쟁력 강화를 위한
경영전략 점검 사항

경 영   **경영 혁신을 위한 핵심 요소 몇 가지**

지속적으로 성과를 창출하는 기업들은 공통적으로 확고한 비전을 가지고 있다. 일반적으로 경영자의 경영 철학이 기업 구성원들과의 커뮤니케이션 속에서 자연적으로 확산되었다. 이는 단기적으로 기업이 시장에서 경쟁우위를 가지게 하였고 장기적으로는 글로벌 경쟁력을 강화하는 핵심 동력이 되었다.

이들 기업은 세계화 · 개방화라는 세계적인 추세에 발맞추기 위해 과거에 사용하던 여러 가지 기업 운영의 잣대를 과감히 버리고 그것을 대체할 수 있는 새로운 몇 가지 잣대에 관심을 가지고 집중 투자

하고 있다.

이들 기업이 공통분모로 갖고 있는 대표적인 5가지는 △지속적 변화와 혁신 활동 추진을 위한 강력한 CEO 리더십의 발현 △미래 경쟁력의 원천으로서 윤리경영 및 사회공헌 활동의 중요성 부각 △총체적 경영 혁신 추진을 위한 전략 경영 체제 구축 △우수한 인적자원 및 기업 문화가 경쟁력 강화의 핵심 요소로 부각 △선택과 집중 전략을 통한 사업 구조 개편으로 지속성장의 기반을 마련하고 있다는 점이다.

결국 기업이 비전을 가지고 있느냐가 기업의 진로에 대한 좌표 및 그것을 구현하기 위한 구체적인 실천 활동을 판단하는 지표가 된다. 현실적으로 기업 간 차이가 분명히 존재하므로 성취하고자 하는 목표치 또한 다양한 것이 당연하다. 그러므로 해당 기업의 토양에 맞게 나름의 내실을 꾀하는 것이 가장 적확한 기업 혁신이며 알찬 비전이 될 것이다.

이를 위해서는 무엇보다 혁신에 대한 리더십이 강조되어야 한다.

기업 경영에 대한 경영자의 확고한 의지 및 창조적 마인드가 혁신적인 리더십으로 발휘되었을 때 가공할 만한 위력을 가지게 된다. 특히 경영 철학과 비전을 공유하기 위해 솔선수범의 자세로 다양한 커뮤니케이션 채널을 개발하고, 활동을 통해 기업 구성원들의 공유가치를 이끌어 내는 과정이야말로 혁신의 가장 구체적인 방법론이다. 다양한 활동을 통해 직원들과 회사의 가치를 일치시킴으로써 기업경쟁력을 실질적으로 강화하고자 하는 것이 바로 기업 혁신이 지향하는 바이다.

둘째, 조직 체계와 기업 문화가 바로 서야 한다.

기업의 비전과 전략을 지속적으로 전개해 나갈 수 있는 조직 체계 및 기업 문화를 만들어야 한다. 경영자의 리더십 못지않게 중요한 것이 올바른 기업 문화이다. 조직 구성원들의 의식 및 행동이 변화 주도적 기업 문화를 조성하고, 적극적인 인재 개발을 통해 새로운 기업 문화를 형성하는 것이 경쟁력 강화의 핵심 요소이다. 특히 공정한 성과 관리 시스템을 구축, 성과 중심적 기업 문화를 더욱 확산하고 동시에 비전 전략과 연계된 평가 체계로도 적극 활용하여야 한다.

셋째, 성장 엔진을 발굴하여야 한다.

지속 성장의 발판을 구축하기 위해서는 지속적인 구조조정과 사업 구조 개편이 불가피하다. 특히 복잡한 경영 환경에서는 더더욱 그렇다. 문제는 이러한 작업이 성장성을 유지할 수 있는 투자 활동과 연계되어야 한다는 점이다. 즉 신규 사업에 과감히 투자하여 미래 성장 엔진을 마련하기 위한 작업까지 하여야 한다.

넷째, 윤리경영 및 사회공헌 활동의 중요성을 다시금 각인하여야 한다.

2005년 3월 9일 각계 대표들이 '투명사회협약'에 서명함으로써 우리 사회에는 '클린 코리아'라는 구호가 새로운 화두로 자리 잡고 있다. 기업 역시 미래 경쟁력의 원천으로서 이를 적극 수용하여야 한다. 강력한 윤리적 리더십에 의거해 기업가치 체계 속에 윤리목표가치를 부각시키고, 이러한 경영 활동을 통해 그간의 조직 관행을 타파해 나가야 한다. 결국 고객, 주주, 협력업체 및 지역사회의 믿음과 신뢰를 얻어 내야 기업의 미래 또한 보장받을 수 있을 것이다.

매출 증대를 위한 마케팅 지향점

기업이 매출 증대를 위해 추구하는 방법에는 소비자의 수를 늘리거나 동일한 소비자일지라도 소비량을 늘리는 방법, 기존 제품 및 서비스를 업그레이드하는 방법, 전혀 새로운 시장을 창출하는 방법이 있다.

결국 수요의 확대, 점유율의 확대, 수익의 확대 그리고 새로운 시장의 창출이라는 이 네 가지는 기업이 마케팅 측면에서 영원히 고려해야 할 과제 사항이다.

그렇다면 오늘날과 같은 경제 환경에서 한국 기업이 취하여야 할 경영 전략으로는 어느 것이 가장 유효할까. 또한 우리의 상황은 어떠한가.

대한민국 마케팅대상의 최근 5년간의 결과를 보면 '히트 상품'이라고 손꼽을 만한 것이 드물다. 한창 성장하고 있는 통신 서비스나 단말기 등과 같은 일부 사업 부문을 제외하고는 전통적인 제조업 및 다른 사업 부문의 경우에는 성장이 점차 둔화되고 있다.

결론적으로 말해, 기업이 고객을 뒤쫓아다닌다면 새로운 발전을 기대하기 힘들다는 것이다. 기존 제품만을 접해 본 고객 입장에서는 좀더 개량된 제품이 시장에 선보이는 것만으로도 만족할 수 있지만 기업의 입장은 그렇지 않다. 기업은 이를 초월해 고객에게 새로운 가치를 제안할 수 있어야 한다.

컴퓨터, 인터넷, 휴대전화기, 김치 냉장고, 포스트 잇(Post-it) 등은 이미 생활의 필수품이 되어버린 훌륭한 제품들이다. 그리고 이것을 만들어 낸 주체는 바로 기업이다. 물론 고객이 생각하지 못한 신제품이나 새로운 서비스를 제공하는 것만이 기업의 역할은 아니며, 기존 제품이나 서비스에서 새로운 용도를 찾아내는 것도 그에 못지 않게 중요하다.

기업의 적극적인 활동을 통해 고객들은 예전에는 미처 생각지 못하던 가치를 향유할 수 있고 생활이 윤택해져야 하며 이는 기업의 성장 정도를 측정하는 기준에도 당연히 포함되어야 한다.

성장은 기업의 기본 과제이다. 그러나 현재 대부분의 기업들은 신상품 개발 또는 신사업 확장보다는 안전하게 기존 상품의 매출을 조금 더 늘리거나 비용을 감소시키는 방법에 의존하고 있다.

물론 한두 해 정도는 그러한 방식이 매우 요긴하게 작용할 수 있지만, 2~3년 후 그 기업은 점차 활발한 생존 동력을 잃을 것이 분명하다. 기존 제품이나 사업으로 경쟁력을 유지하는 것은 점점 더 힘들어질 것이고 결국 가격을 매개로 한 마케팅 활동만이 남을 뿐이며 이런 상황에서 기업의 질적 변화를 가져오기란 불가능할 것이다.

첫째, 신상품 및 신사업 개발이 시급하다.

외환 위기를 지나오면서 재무적 안정성과 수익 극대화라는 두 가지 기본적인 숙제를 충실히 실천해 왔다면 이제 한국 기업은 앞으로 무엇으로 성장할 것인가를 고민해야 한다.

둘째, 고객의 소비 기호에 보다 민감해야 한다.

고객은 기업이 제공하는 제품과 서비스를 통해 좀더 큰 효용과 가치를 느낄 수 있어야 한다. 기업 활동은 고객이 생각지 못한 새로운 가치를 만들고, 지금까지 존재하지 않았던 새로운 경제적 만족을 창출해 내는 것이다. 새롭고도 남다른 제품이란 새로운 용도 또는 새로운 욕구의 발견일 수도 있다. 결국 단순히 기존의 욕구를 충족시키는 데 머무르지 않고 새로운 만족을 제공할 수 있는 잠재력을 가진 특별한 제품이나 서비스를 창출하는 것이 기업의 역할이다. 그리고 그것은 고객의 기호에서부터 출발한다.

셋째, 정량적 관리 시스템을 갖추어야 한다.

기업 내 다른 영역에 비해 마케팅 분야는 상대적으로 관리 시스템이 미흡한 경우가 많다. 광고 효과 및 프로모션 성과를 측정하거나 신제품의 수요 예측 그리고 소비자의 변화를 구체적으로 측정 관리하는 것 등 관련 사업 전반에 보다 체계화된 과학적 시스템이 완비되어야 한다. 이는 특히 원가 관리 업무와도 직결되는데, 각 제품에 들어가는 비용을 정확히 계산하여 불필요한 비용 지출을 줄이거나 마케팅 비용 산출 등에 효과적으로 활용될 수 있기 때문이다.

생 산 **제조 경쟁력 강화를 위한 전략 방향**

기업의 생산 혁신은 아무리 강조해도 지나치지 않다. 일단 기업이 생존하기 위해서는 경쟁사의 추격이 불가능한 최초 · 최고의 제품 개발에 매진하여야 한다. 따라서 획기적인 신기술 분야는 기업들의 주요 관심사이다. 그러나 기술이 우수해도 제품을 제대로 만들어 내지 못한다면 모든 것이 허사이다. 즉 제품을 생산하는 제조 경쟁력이 기업 경쟁력의 관건 요소가 되는 것이다.

특히 최근의 유가 및 국제 원자재 가격의 상승, 금리의 인상 등이 곧바로 기업의 비용 부담으로 이어지고 있는 상황에서 기업의 선택의 폭은 그리 넓지 않다. 결국 기업이 선택할 수밖에 없는 길은 효율성 극대화와 비용 절감뿐이다. 최근 생산 공정 및 프로세스 혁신을 통한 생산 혁신 전략에 기업의 관심이 집중되고 있는 것도 이와 무관하지 않다.

결국 기업 경쟁력을 강화하기 위해서는 불필요한 비용과 낭비를 제거하고 공정 및 프로세스의 지속적인 혁신을 통하여 운영 효율성을 배가시켜야만 하는데, 기업의 제조 역량을 핵심 경쟁력으로 강화하기 위해서는 제조 현장의 핵심 인력을 양성하고 기초연구 부문과의 연계를 보다 강화하는 것이 최우선이다. 또한 연구개발 부문, 제조현장, 마케팅부서 등의 횡적 연계를 더욱 활성화하고, 제조 현장의 역할을 강화하여 다품종 생산 및 원가 절감의 목표를 적극적으로 달성하여야 한다.

이러한 시점에서 보전(Maintenance)의 중요성이 그 무엇보다도 강조되고 있다. 급변하는 경영환경 속에서는 기업이 신규 설비투자를 적극적으로 할 수 없어 현재 보유하고 있는 설비의 효율을 극대화하는 것이 그만큼 중요하기 때문이다.

과거에는 보전 업무를 설비가 고장 나면 고치고 일상적으로는 설비를 점검하여 이상 유무를 확인하는 정도로만 인식하였다. 하지만 현재의 보전 개념은 현장에서 요구하는 최적의 상태로 설비를 유지하여 효율을 극대화하는 모든 활동을 의미한다.

기업이 설비의 효율을 향상시킨다는 것은 생산성 향상과 더불어 제품에 대한 원단위 비용의 절감 측면에서도 의미가 크다.

이러한 관점에서 볼 때 어느 기업이 보전부문에 관심을 가지고 이에 대해 적극적인 전략을 수립하여 대응하고 있느냐가 향후 불확실한 경영 환경에서 기업의 경쟁력을 좌우하는 중요한 요소로 부각되고 있다.

일반적으로 기업이 보유한 다양한 설비를 점검·수리하는 인력(보전인력)이 매우 취약하여 이들이 전체 설비를 최적 관리하는 데는 한계가 있으므로 현장의 오퍼레이터와 엔지니어 등 전 직원이 함께 참여하여 설비의 상태를 최적화할 수 있는 기업 문화를 만드는 것이 중요한 과제이다. 바로 이러한 체제가 보전경영 체제이다.

이러한 설비의 효율성을 높이기 위한 체제를 구축하기 위해서는 바로 설비를 사용하는 인력에 대한 교육 및 훈련 프로그램과 이에 대한 의식의 변화가 가장 중요하다.

현장의 오퍼레이터와 보전, 공무, 엔지니어 등이 각각의 영역에서 생산 설비의 효율성을 추구하기 위한 능력을 꾸준히 배양하고 이를 통해 기존 설비에 대한 수명 연장과 성능 향상을 도모하여야 한다.

생산 혁신과 보전경영을 통한 강력한 제조 경쟁력 구축이 한국 기업의 당면 과제인 것이다.

혁신을 위한 각 산업별 핵심 사항

제조업 부문 **혁신과 경쟁력 확보를 위한 방안**

한국 경제가 지금의 수준에 이를 수 있었던 것은 제조 산업이 굳건히 자리를 지켜왔기 때문이다. 하지만 오늘날에는 상황이 급변하여 한국의 제조 산업은 말 그대로 사면초가에 몰렸고 이는 앞으로 더욱 심화될 전망이다.

단적인 예로 우수 인력들이 제조 산업을 기피하고 있는 현실을 들 수 있다. 현재 취업 인력 가운데 제조 산업에 종사하고 있는 인력은 전체의 20% 수준에 머물고 있고, 향후 10년 이내 제조 산업 인구는 15% 미만으로 더 떨어질 것으로 보인다. 공과대학에 대한 지원율 감소 추세도 마찬가지 예이다.

이러한 현상은 제조 현장의 자동화 등으로 인한 자연 감소분도 한 요인이 되지만 제조 산업보다 서비스 산업을 더 선호하는 사회 전반적인 경향 때문이기도 하다.

이를 반영하듯 국내 제조 산업의 공동화 현상이 점차 가속화되고 있고, 이미 많은 기업들이 중국 또는 동남아 국가로 공장 이전을 추진 중이다. 이는 결국 국내의 실업률 증가 및 기술의 해외 이전 등을 유발하여 향후 국가 경쟁력에 심각한 악재로 작용할 것이 분명하다.

또한 유가를 비롯한 국제 원자재 가격의 상승은 곧바로 기업의 원가 상승으로 직결되어 기업의 수익성을 악화시키고 기업의 채산성에 심각한 영향을 끼치게 될 것이다.

이러한 상황에서 자립된 기술력을 갖추지 못한 중·소규모 기업들은 문을 닫거나 대기업에 종속될 수밖에 없고, 중소기업이 근간을 이루고 있는 제조 산업 전반이 몰락하게 되는 심각한 상황을 초래할 수도 있다.

2005년 3월 한국은행의 발표는 한국 기업의 현주소를 적나라하게 보여 준다.

한국은행이 섬유·화학·철강·전기전자·자동차 등 5개 제조 산업에서 매출액 상위 국내 3대 기업과 국외 3대 기업들의 경영성과 지표(2003년 기준)를 비교·분석한 결과 재무 구조의 건전성과 수익성 등에서는 한국 기업들이 세계 일류 기업들을 앞지르고 있지만 투자, 특히 R&D 투자는 이에 훨씬 못 미쳐 중장기적인 성장 가능성이 매우 취약한 것으로 조사되었다.

현대석유화학 · 여천NCC · 호남석유화학 등 화학부문 기업의 R&D 투자비는 1천1백40만 달러로 바스프 · 다우케미컬 · 듀폰 등 세계 빅 3 화학기업(35억 7천8백70만 달러)의 0.3%에 불과한 것으로 나타났다.

자동차 부문 역시 다임러크라이슬러 · 도요타 · GM 등 세계 빅 3는 1백91억 7천3백만 달러를 R&D에 투자한 데 비해 현대차 · 기아차 · GM대우 등이 투자한 금액은 13억 770만 달러로 6.8%에 불과하였다.

전기전자 부문에서도 삼성전자 · 삼성SDI · LG필립스LCD 등의 R&D 투자비는 IBM · HP · 마쓰시타 등의 23.7%에 그쳤고, 포스코 · INI스틸 · 동국제강 등 철강 부문 또한 세계 빅 3의 23.4%에 불과하였다.

R&D 부문 투자에 대한 5개 업종 평균은 한국 기업이 세계 기업의 13% 수준이었다. 세계 기업들은 당장 순익을 덜 남겨도 미래를 위한 연구개발에 더 많이 투자하고 있다는 의미이다.

2005년 제조 산업의 여건은 2004년에 비하여 크게 나아질 기미가 보이지 않는다. 오히려 원화 가치의 상승으로 인한 수출 경쟁력의 하락과 중국 및 동남아 국가의 강력한 추격으로 더욱 악화될 것이라는 예상이 지배적이다. 따라서 이에 대한 적응력을 키워나가는 것이 핵심 키워드이어야 한다.

첫째, 관련 기업 간의 전략적 제휴를 과감히 추진하여야 한다.

외국의 많은 기업들이 적과의 동침 형태인 M&A 및 전략적 제휴를 적극적으로 추진하는 것에는 나름대로의 이유가 있다. 기업간 중복 투자를 막고 원자재에 대한 수급 루트를 원활히 하기 위해서다. 이와 같은 경쟁 관계에서 보완 관계로의 전환은 비용 절감뿐 아니라 다른 기업 활동에 중요한 역할을 하기 때문이다.

둘째, 혁신 지향의 기업 문화를 구축하여야 한다.

어려운 대외적 환경에 직면한 기업들이 생존하기 위해서는 내부 역량이 강화되어야 하고 혁신 활동을 지속적으로 전개하여야 한다. '업무=혁신' 이라는 등식이 성립된다면 기업은 어떠한 위기도 극복할 수 있는 역량을 보유하게 되기 때문이다. 하지만 혁신 활동이 기업 문화로 정착되지 못하고 일회성 이벤트로만 그친다면 그 결과는 불을 보듯 뻔할 것이다. 일거리만 하나 더 늘어날 뿐 성과가 미미할 것이기 때문이다.

셋째, 기업 이미지의 제고에 총력을 기울여야 한다.

제조 산업에 대한 기피현상은 무엇보다 제조 관련 기업들이 서비스 부문 등 다른 기업들에 비하여 제대로 된 기업 이미지를 구축하지 못하였기 때문이다. 제조 산업은 제품을 통해서 가장 직접적으로 사회와 인류에 공헌하고 있음에도 불구하고 그동안 그것을 알리는 작업에는 매우 소홀히 하였다. 단지 물건을 만들어 파는 공장의 이미지에서 벗어나는 것이 급선무이다. 단순히 노동의 대가를 지불하는 곳이 아니라 보람과 자기 발전을 제공하는 자아 실현의 터전으로서 이미지를 개선해 나가야 한다.

서비스업 부문　　**저성장기, 서비스 차별화를 위한 요소**

국가 경제가 선진화되면서 전체 산업에서 서비스 산업이 차지하는 비중이 매년 높아지고 있다. 서비스 산업의 GDP 비중은 2003년 기준으로 56%를 기록하였으며 전체 산업에서 차지하는 고용 비중 또한 지속적으로 상승하여 60%대를 넘어섰다.

하지만 서비스 산업은 1인당 부가가치가 제조업에 비해 55% 수준으로 매우 낮아 생산성 향상이라는 커다란 숙제를 안고 있는데, 원가 및 품질 관리, 인적자원 관리에 많은 어려움이 따른다는 서비스 산업의 원천적인 특성과도 무관하지 않다.

더욱 심각한 것은 금융·보험·통신·유통 등 서비스 산업 전반이 1980~90년대를 거치면서 고도 성장하다가 최근에는 산업의 성숙기·저성장기라는 새로운 환경에 직면하게 된 것이다. 결국 일부의 성장기 분야를 제외한 서비스 산업 전반이 과거 초과 수요가 상존하던 시절의 성장 중심 패러다임에서 시급히 벗어나야만 하는 상황을 맞이하였다.

저성장기의 패러다임은 혁신과 시장 경쟁력 확보라고 할 수 있다. 결론적으로 서비스 산업 관련 기업들은 과거의 좋은 시절을 되짚을 것이 아니라 혁신을 통해 내부 역량을 강화하고 경영의 효율성을 적극 도모하여야 한다. 이를 기반으로 해당 기업의 시장 경쟁력 요소들을 차별화하고 고객들로부터 인정받음으로써 시장의 가치를 극대화하여야 한다.

첫째, 현장 영업인력을 최고로 만들어라.

경영의 효율화는 모든 기업들의 당면 과제이다. 경영 자원과 프로세스를 조정하고 혁신하면서 최대의 성과를 창출하는 조직으로 기업을 전환하여야 한다. 다시 말해 다양한 혁신활동을 통해 업무를 효율화하고 낭비 요소를 제거하여야 하며, 필요하다면 조직과 인력을 슬림화하여 단위당 생산성을 과감히 높이고 내실화를 꾀하여야 한다.

기술과 품질에서 경쟁우위가 있더라도 조직이 조금이라도 무겁거나 프로세스가 가치 지향적이지 못하면 기업의 지속적인 발전을 기대하기 어렵고, 시장 및 산업사회에서 리더십 또한 기대할 수 없게 된다. 따라서 제조업을 중심으로 발전해 온 경영 혁신 기법이 최근 서비스 산업에도 적극적으로 도입되고 있는 추세이다.

서비스 산업의 경영 혁신은 고객 지향의 사업 전략 및 효율적 업무 프로세스 구축에 초점을 맞추는 작업으로, 사업장을 중심으로 고객 서비스의 효율성을 확보하여야 한다.

최근 제품과 서비스를 고객에서 전달하고 판매하는 역할을 1차적으로 담당하는 현장 서비스 인력에 대한 관심이 급증하고 있다. 따라서 현장 영업 인력을 최고의 서비스 인력으로 변화시켜야 한다. 그렇지 않으면 아무리 좋은 비전과 사업 전략을 가지고 있더라도 고객에게 전달되는 과정에서 일정 부분 누수가 발생할 수밖에 없으므로 많은 기업의 경영자들이 이들의 변화에 촉각을 곤두세우고 있다.

결국 현장 영업 인력을 중심으로 어떻게 바람직한 기업 문화를 창출할 것인가 하는 것이 경영 혁신의 매우 중요한 과제로 등장하였다.

둘째, 차별화만이 살아남는 길이다.

보험 시장에 방카슈랑스(Bancassurance)가 도입되어 보험사와 은행 간 경쟁 구도가 형성되고, 다시금 은행들 사이에서는 토종 은행과 외국계 은행 간 경쟁이 치열하다. 통신 산업 역시 번호이동성 제도가 도입되는 등 그 어느 때보다 서비스 산업 전반의 환경 변화가 가속화되고 있다.

시장 경쟁력을 강화하는 것이 최선의 방법이다. 치열한 경쟁에서 승리하려면 시장 경쟁력을 좌우하는 결정적 요인들을 우선 확보하여야 하는데, 브랜드 파워, 가격, 상품의 품질, 서비스의 품질, 채널, 고객관리 능력 등 크게 여섯 가지로 분류된다. 이러한 여섯 가지 경쟁 요인을 중심으로 경쟁사와 어떻게 차별화할 것인가 그리고 시장에서 어떻게 포지셔닝할 것인가가 경쟁 전략의 핵심 사항이다.

공공 부문 　경영 환경의 변화에 따른 경쟁과 혁신

시장의 변화가 가속화되고 국내 산업 전반이 생존을 내건 경영 혁신을 끊임없이 추구하고 있는 상황에서 사회 공공 부문 역시 예외일 수 없다. 시장에서 제품 및 서비스의 품질이 급격히 향상되면서 국민들은 자연스럽게 사회 공공 부문 전반에서도 공익성 이외에 효율성, 생산성, 서비스 혁신 등을 요구하고 있기 때문이다. 따라서 사회 공공 부문에서는 당연히 경영 환경의 변화에 따른 경쟁과 혁신을 추구하여야 할 것이다.

공기업과 산하 투자기관 및 병원·대학 등을 중심으로 한 공공 부문은 그 동안 민간 기업들에 비해 상대적으로 안정적인 경영 환경 속에서 운영되어 왔다. 여러 경제연구소들은 발표 자료를 통하여 2005년도 한국 경제의 성장률을 3.5~4%대로 낮게 잡고 경영 환경 역시 매우 어려울 것으로 예측하였다.

사회 공공 부문은 민간 부문에 비해 경영 환경이 상대적으로 안정되었다. 특히 경기 진작을 위한 공공 부문의 투자 활성화 정책이 추진되고 있고 사회 전반적으로 변화에 대한 기대 심리가 높아 사회 공공 부문 역시 경영 패러다임에 큰 변화가 요구되고 있다.

2005년에는 참여정부가 중점 정책으로 추진하고 있는 사회 공공 부문에 대한 혁신이 공기업 및 산하 투자기관을 중심으로 적극 추진되고 있어, 이제 우리 사회에서 혁신은 선택이 아닌 필수 사항이다. 사회 공공 부문의 경영 환경은 그간의 패러다임이 파괴되면서 경쟁이 더욱 치열해질 것이며 이에 대응하기 위하여 혁신은 더욱 가속화될 전망이다.

급변하는 경영 환경에 대응하기 위해서는 지속적인 변화 경영과 함께 혁신 문화를 구축하여야 한다. 경영 혁신의 방법론은 다양하다. 여기서 주목하여야 할 사항은 사회 공공 부문의 혁신은 공공성과 경영 효율성, 두 가지 모두를 확보하여야 한다는 점이다. 수익을 중심으로 하는 민간 기업과는 달리 사회 공공 부문에서는 반드시 공공성 확보를 고려하여야 한다.

첫째, 고객만족경영을 새롭게 제창하라.

공공성 확보를 위한 경영 혁신 방법으로는 고객만족경영과 윤리경영의 도입이 가장 바람직하다. 고객만족경영은 기업의 제반 활동을 통하여 기업 이미지를 개선하고 기업 문화를 고객 중심으로 변화시키기 위한 것이다. 최근 들어 부각되고 있는 윤리경영 역시 투명경영과 조직의 청렴도를 꾀할 수 있는 중요한 혁신 방법이라고 할 수 있다.

물론 고객만족경영은 철도공사나 우정사업본부, 도로공사 등에서 이미 10여 년 전부터 체계적으로 추진해 많은 성과를 거두었지만 사회 공공 부문의 고객만족경영은 아직 시작 단계이다. 고객만족경영은 단순히 친절 운동이 아니며 경영 시스템으로 구축되지 않으면 지속적인 발전을 기대하기 어려운 것이 고객만족경영이다. 윤리경영을 도입한 기관은 많으나 단순히 선언적인 의미로 운영하는 곳이 적지 않은 것은 이 때문이다.

둘째, 구성원들의 동기 부여를 위해 먼저 포상하라.

몇몇 혁신 기법을 도입한다고 해서 사회 공공 부문의 경영 혁신이 저절로 이루어지는 것은 아니다. 그 동안 안정적인 환경에서 생활해온 조직 구성원들이 먼저 혁신의 당위성에 공감하고 이들의 적극적인 참여를 통해서 혁신 활동이 이루어져야만 성공적인 결과를 기대할 수 있다.

모든 조직원들을 혁신에 동참시키기 위해서는 최고경영자의 의지가 가장 중요하다. 최고경영자의 의지에 따라서 혁신의 성공 여부가 판가름난다고 해도 과언이 아니다. 혁신이 성공적으로 이루어진 모든 기관 및 기업에는 반드시 강력한 의지를 가진 최고경영자가 있음이 이를 증명한다.

또한 혁신이 지속적으로 추진되고 기업 문화로 정착되기 위해서는 무엇보다 혁신의 성과를 평가 보상 시스템과 연계하고 인사 시스템에 반영하여야 한다. 경쟁 개념의 출발이 여기에서부터 비롯되기 때문이다.

총체적 혁신의 컨버전스, 존경받는 기업을 위하여

21세기에 들어서면서 상생과 지속가능이라는 새로운 이슈가 세계를 주도하고 있다. 환경·윤리·투명 경영과 기업의 사회적 책임을 포괄하는 '지속가능 경영'이 산업계에서 새로운 흐름을 형성하고 있다. 기업이 덩치를 키우고 이익을 내는 것만으로는 생존의 충분조건이 될 수 없고 환경보전, 사회공헌 등을 통해 건강한 가치를 추구하고 지켜야 생존을 보장받을 수 있다는 데 바탕을 둔 개념이다. 기업의 지속가능 경영은 경제적·환경적·사회적 성과를 높이는 경영활동을 추진하여 기업 가치를 증진하려는 경영 전략이다.

기업들의 움직임이 분주하다. 사회적 요구와 국제적 수준이 높아지는 추세 속에서 에너지 절감과 환경 보호를 위한 환경경영은 기업 경영의 기본이 되고 있고, 기업 역시 지역사회에 대한 공헌을 통해 기업의 경영 성과를 높이려는 노력을 활발히 펼치고 있다.

한국의 상황 역시 예외가 아니다. 시장 개방 가속화와 함께 경쟁 상대가 초일류 다국적 기업으로 바뀐 상황에서 새로운 흐름을 흡입하려는 분위기가 한층 더 뜨겁다.

특히 한국 기업의 활동 무대가 세계로 확대되면서 외국 선진 기업의 경영 시스템 및 운영 방식과 비교·검토하며 기업의 진로에 대해 고심하던 기업 안팎의 관계자들에게 이러한 흐름은 더없는 자극제가 되었다.

이러한 시대적 흐름을 반영하는 한편 한국기업 상황에 걸맞은 이슈 또한 마련되어야 하지 않겠는가. 글로벌 경쟁력을 확보하는 궁극적인 목표로서 등장한 것이 바로 존경받는 기업이다.

그렇다면 존경받는 기업이란 무엇인가. 그것은 한마디로 고객·주주·기업 구성원·지역 주민 등 기업을 둘러싼 모든 이해관계자들이 존경하는 기업을 가리킨다. 존경받는 기업은 끊임없는 혁신을 통해 우수한 경쟁력을 갖추고, 이를 바탕으로 탁월한 경영 성과를 내는 동시에 사회 친화적인 활동을 전개하여 모든 이해관계자들을 만족시키는 기업이다.

존경받는 기업이 되기 위해서는 우선 시장에서 끊임없는 성장 엔진을 개발하여 고객에게 새로운 가치를 제공함으로써 강력한 시장 경쟁력을 확보하여야 한다.

기업 내부적으로는 혁신을 통해 내부 역량을 강화하는 활동이 지속적으로 전개되어야 한다. 다시 말해 기업이 현재 시장에서 어떠한 위치를 차지하고 있는지 명확하게 인식한 후 전략을 모색하는 동시에 마케팅 능력을 향상시켜야 할 것이다.

또한 지속적인 개선 활동을 통해 제품 및 서비스에 대한 품질 수준을 향상시키고 경영 효율을 극대화하여 생산성을 제고하는 노력을 진행하여야 한다. 지속적인 경영 성과를 창출하기 위해서는 고객이 만족하는 제품과 서비스를 만들어 내는 탁월한 프로세스를 정립하고 변화에 도전하는 우수한 인력을 양성하는 시스템이 구축되어야 하는데, 이러한 제반 요소는 향후 기업 경쟁력의 원천이 되어 줄 것이다.

존경받는 기업은 특정 몇몇 기업을 위한 것이 아니다. 기업 간에 차이가 존재하는 것은 당연하다. 모든 기업에게 똑같이 하라고 주문하는 것은 어리석은 짓이다. 다만 모든 기업이 똑같이 지향하는 목표는 있어야 한다. 여기에서는 한국 기업의 진화된 그 이후가 아니라 진화 과정에서 기업을 둘러싼 이해 당사자 모두의 역할에 주목하는 것뿐이다. 존경이란 숫자의 나열이 아니라 사람과 사람 사이에서 생겨나는 믿음과 신뢰의 표현이다.

다시 한번 강조하는 것은 총체적 혁신의 컨버전스야말로 곧 존경받는 기업이라는 것이다. 언제나 시작은 혁신이다!

부록

2005년 '한국에서 가장 존경받는 기업' 조사 결과

한국에서 가장 존경받은 기업 All Star

한국에서 가장 존경받는 기업 All Star는 2004년에 이어 삼성전자가 1위를 차지하였으며, 포스코, 현대자동차, LG전자, 유한양행, 유한킴벌리의 순으로 나타났으며 상대적으로 포스코, 현대자동차, LG전자는 2004년 순위보다 상승하였다. 순위 변동은 다소 있었으나 사회공헌 활동으로 잘 알려진 유한양행과 유한킴벌리, 안철수연구소, SK텔레콤, 삼성SDI 등은 10위권을 유지하였다.

포스코건설과 삼성물산, 삼성SDS, LG필립스LCD, 한솔제지 등 13개 기업이 2005년 조사에서 All Star(30위권 순위)에 진입한 새로운 기

업이며, 신세계, SK, 현대중공업,농심 등은 2004년에 비해 순위가 상
승한 기업들이다.

2005	2004	기 업 명
1	1	삼성전자
2	3	포스코
3	5	현대자동차
4	7	LG전자
5	2	유한양행
6	4	유한킴벌리
7	6	안철수연구소
8	9	SK텔레콤
9	8	삼성SDI
10	19	신세계
11	–	포스코건설
12	–	삼성물산
13	18	SK
14	11	삼성생명보험
15	32	LG필립스LCD
16	–	삼성SDS
17	26	현대중공업
18	24	농심
19	–	한솔제지
20	35	현대건설
21	33	레인콤
22	–	한국야쿠르트
23	25	CJ
24	14	LG화학
25	10	풀무원
26	–	제일모직
27	–	삼성에버랜드
28	23	KT
29	–	기아자동차
30	–	GS−Caltex정유

한국에서 가장 존경받는 경영인 조사 결과

한국에서 가장 존경받는 경영인에 대해서는 산업계 임원진, 증권사 애널리스트, 일반 소비자 모두 삼성그룹 이건희 회장을 가장 많이 추천하였다.

존경받는 기업인은 대부분 존경받는 기업으로 선정된 기업의 최고 경영자인 경우가 많아 존경받는 기업 뒤에는 존경받는 경영인이 있음을 알 수 있다.

산업계 임원진, 증권사 애널리스트, 일반 소비자가 모두 추천한 경영인은 삼성그룹의 이건희 회장, 현대기아자동차의 정몽구 회장, LG그룹 구본무 회장, 안철수연구소 안철수 이사회 의장, LG전자 김쌍수 부회장, 포스코 이구택 회장 등 총 6명이다.

증권사 애널리스트들은 상대적으로 높은 재무적 성과를 이루어 낸 경영인을 추천하였으며, 산업계 임원진은 일선에서 물러난 미래산업 정문술 상담역을, 일반 소비자는 롯데그룹 신격호 회장, SK 최태원 회장을 존경받는 경영인으로 선정하였다.

2005	2004	산업계 임원진	2005	2004	증권사 애널리스트	2005	2004	일반 소비자
1	1	이건희 (삼성그룹 회장)	1	1	이건희 (삼성그룹 회장)	1	1	이건희 (삼성그룹 회장)
2	2	정몽구 (현대기아자동차 그룹 회장)	2	6	정몽구 (현대기아자동차 그룹 회장)	2	2	정몽구 (현대기아자동차 그룹 회장)
3	3	안철수 (안철수연구소 이사회 의장)	3	3	이구택 (포스코 회장)	3	4	구본무 (LG그룹 회장)

2005	2004	산업계 임원진	2005	2004	증권사 애널리스트	2005	2004	일반 소비자
4	4	문국현 (유한킴벌리 사장)	4	13	김쌍수 (LG전자 부회장)	4	3	차중근 (유한양행 사장)
5	6	구본무 (LG그룹 회장)	5	5	윤종용 (삼성전자 부회장)	5	6	안철수 (안철수연구소 이사회 의장)
6	11	김쌍수 (LG전자 부회장)	6	7	안철수 (안철수연구소 이사회 의장)	6	10	문국현 (유한킴벌리 사장)
7	9	이구택 (포스코 회장)	7	4	구본무 (LG그룹 회장)	7	9	신격호 (롯데그룹 회장)
8	5	차중근 (유한양행 사장)	8	8	김택진 (엔씨소프트 사장)	8	–	최태원 (SK 회장)
9	10	윤종용 (삼성전자 부회장)	9	–	김신배 (SK텔레콤 사장)	9	7	김쌍수 (LG전자 부회장)
10	8	정문술 (미래산업 상담역)	10	–	박정인 (현대모비스 회장)	10	12	이구택 (포스코 회장)

한국에서 가장 존경받는 기업 산업별 1위

제조업

산업군	1위 기업	비 고
식품	CJ	2년 연속
제과	(주)오리온	신규
주류	하이트맥주	2004년 1위 국순당
음료	롯데칠성음료	2년 연속
섬유(면방직)	일신방직	신규
섬유(합성섬유)	효성	2년 연속
제지	한솔제지	2년 연속
정유	SK	2년 연속

산업군	1위 기업	비 고
석유화학(기초화합물)	LG석유화학	2년 연속
석유화학(합성)	LG화학	신규
제약	유한양행	2년 연속
화장품	태평양	2년 연속
시멘트	한일시멘트	2년 연속
철강	포스코	2년 연속
전자제품	삼성SDI	2년 연속
통신기기제조	삼성전자	2년 연속
가전	삼성전자	2년 연속
가구	퍼시스	2년 연속
조선	대우조선해양	2004년 1위 현대 중공업
자동차	현대자동차	2년 연속
자동차부품	현대모비스	2년 연속

서비스업

산업군	1위 기업	비 고
도시가스	삼천리	2년 연속
발전	한국수력원자력	신규
종합상사	삼성물산	신규
건설	대림산업	2년 연속
백화점	신세계	2년 연속
할인점	신세계-이마트	2년 연속
편의점	GS리테일	2년 연속
호텔	신라호텔	2년 연속
해운	한진해운	2년 연속
통신서비스	SK텔레콤	2년 연속
정보기술서비스	삼성SDS	2년 연속
교육서비스	대교	2년 연속
은행	신한은행	2년 연속
생명보험	삼성생명	2년 연속
화재보험	삼성화재	2년 연속
신용카드	삼성카드	2004년 1위 현대카드

결과 요약

• 제조업 부문의 산업별 1위 기업은 CJ(식품), ㈜오리온(제과), 하이트맥주(주류), 롯데칠성음료(음료), 일신방직(섬유-면방직), 효성(섬유-합성섬유), 한솔제지(제지), SK(정유), LG석유화학(석유화학-기초화합물), LG화학(석유화학-합성), 유한양행(제약), 태평양(화장품), 한일시멘트(시멘트), 포스코(철강), 삼성SDI(전자부품), 삼성전자(통신기기제조, 가전), 퍼시스(가구), 대우조선해양(조선), 현대자동차(자동차), 현대모비스(자동차부품)가 선정되었다.

• 서비스업 부문에서는 삼천리(도시가스), 한국수력원자력(발전), 삼성물산(종합상사), 대림산업(건설), 신세계(백화점), 신세계 이마트(할인점), GS리테일(편의점), 신라호텔(호텔), 한진해운(해운), SK텔레콤(통신서비스), 삼성SDS(정보기술서비스), 대교(교육서비스), 신한은행(은행), 삼성생명(생명보험), 삼성화재(화재보험), 삼성카드(카드)가 선정되었다.

• 화장품의 태평양, 철강의 포스코, 편의점의 GS리테일, 통신서비스의 SK텔레콤, 화재보험의 삼성화재 등은 산업 내에서 혁신능력, 주주가치, 직원가치, 고객가치, 사회공헌 등 모든 평가 분야에서 확고한 위치를 지키고 있는 것으로 나타났다. 이들 기업은 산업 내 시장 점유율 1위를 차지하고 있으며, 재무적 성과도 탁월한 동시에 혁신 활동을 활발히 전개하여 해당 산업을 선도해 가고 있었다.

• 제조업에서는 섬유 면방직의 일신방직과 한일시멘트, 통신기기제조에서는 삼성전자가 1위를 차지하였고, 2위 기업과 무려 6%나 점수 차이가 나는 것으로 나타났다.

- 식품군에서 CJ와 농심의 점수 차가 0.6% 정도인 반면, 화장품에서 태평양, 철강산업의 포스코는 2위 기업과 11% 이상 차이가 났다.
- 주류군에서 하이트맥주는 2004년 1위였던 국순당에 비해 혁신능력과 기업이미지 부문에서 높은 점수를 받았으며, 조선업의 대우조선해양은 2004년 1위였던 현대중공업보다 혁신능력과 주주가치가 더 뛰어난 것으로 조사되었다.
- 서비스업에서는 백화점 부문의 신세계와 생명보험군의 삼성생명이 2위와 6.5% 이상의 점수 차이를 보였고, 특히 편의점 부문의 GS리테일, 통신서비스의 SK텔레콤, 화재보험의 삼성화재가 2위와 10% 이상 차이나는 월등한 점수 분포를 나타냈다.
- 발전 부문에서는 한국수력원자력과 한국남부발전이 1.2% 정도의 점수 차이를 보였고, 건설 산업군의 대림산업과 삼성물산이 1.9% 이상의 상대적으로 적은 점수 차이를 나타냈다.
- 신용카드 부문에서 2004년 1위였던 현대카드가 3위로 밀려났고, 2005년 1위인 삼성카드보다 사회공헌과 기업 이미지 부문에서 상당히 낮은 점수를 받은 것으로 나타났다.

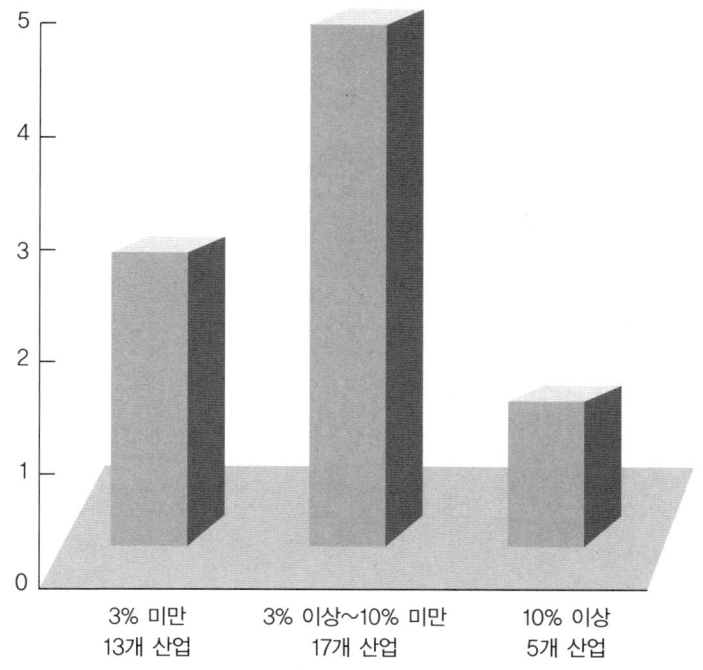

| | 3% 미만 13개 산업 | 3% 이상~10% 미만 17개 산업 | 10% 이상 5개 산업 |

3% 미만-경쟁구도 심화

• 현재는 1위로 선정되었으나 경쟁 구도가 치열하여 1위와 2위의 순위 변동이 극심할 것으로 예상되는 기업은 제과의 ㈜오리온과 ㈜빙그레, 주류의 하이트맥주와 국순당, 음료의 롯데칠성음료와 한국코카콜라보틀링, 섬유(합성섬유)의 효성과 SK케미칼, 시멘트의 한일시멘트와 성신양회, 가전의 삼성전자와 LG전자, 조선의 대우조선해양과 현대중공업, 도시가스의 삼천리와 서울도시가스, 발전의 한국수력원자력과 한국남부발전, 건설의 대림산업과 삼성물산, 백화점의 신세계와

현대백화점, 할인점의 신세계 이마트와 삼성테스코, 신용카드의 삼성카드와 신한카드로 나타났다.

3~10% 미만-경쟁력 확보

• 현재는 존경받는 기업으로서 경쟁력을 확보하였으나 차후에 순위가 변동될 여지가 있는 기업은 다음과 같다. 섬유(면방직)의 일신방직과 동일방직, 제지의 한솔제지와 한국제지, 정유의 SK와 GS-칼텍스정유, 석유화학(기초화합물)의 LG석유화학과 삼성종합화학, 석유화학(합성)의 LG화학과 제일모직, 제약부문의 유한양행과 한미약품, 전자부품의 삼성SDI와 LG필립스LCD, 통신기기제조의 삼성전자와 LG전자, 자동차의 현대자동차와 기아자동차, 자동차 부품의 현대모비스와 만도, 종합상사의 삼성물산과 LG상사, 호텔의 신라호텔과 조선호텔, 해운의 한진해운과 SK해운, 정보기술서비스의 삼성SDS와 LGCNS, 교육서비스의 대교와 웅진닷컴, 은행의 신한은행과 하나은행, 생명보험군의 삼성생명과 교보생명이다. 이들 기업들은 각각 1위와 2위로 선정되었다.

10% 이상-시장 내에서 확고한 위치 선점

• 현재의 확고한 경쟁력뿐만 아니라 향후에도 산업군 내에서 경쟁 우위를 보일 것으로 전망되는 기업은 화장품의 태평양과 LG생활건강, 철강의 포스코와 INI스틸, 편의점의 GS리테일과 보광훼미리마트, 통신서비스의 SK텔레콤과 KT, 화재보험의 삼성화재와 현대해상으로, 이들 기업은 각 산업분야에서 1위 기업으로서의 입지를 공고히 하고

있는 것으로 조사되었다.

산업별 조사 결과 주요 특징

- 2005년 한국에서 가장 존경받는 기업

  - 2005년 한국에서 가장 존경받는 기업의 산업별 조사 결과 2004년
에 비해 점수가 6.21점 상승한 결과치를 나타내고 있다.
또한 서비스업보다 제조업이 상대적으로 높은 점수 분포를 나타내고
있으며 제조업은 2004년에 이어 꾸준한 상승을 보이고 있다.

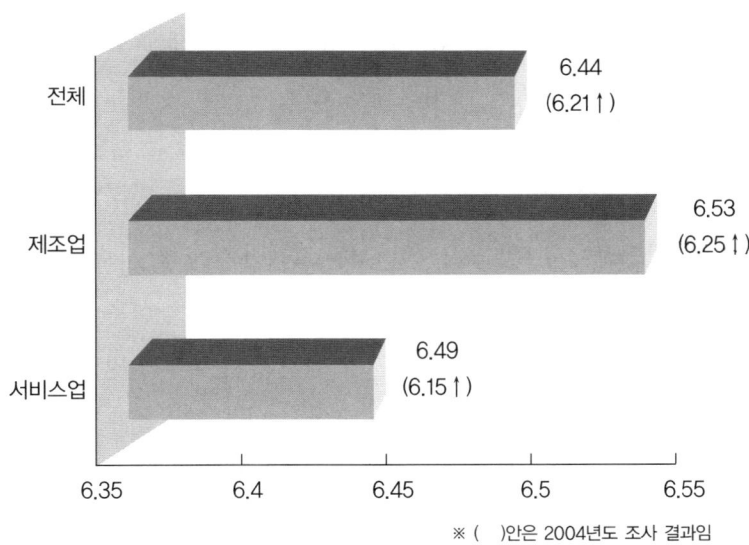

※ ( )안은 2004년도 조사 결과임

제조업(21개 기업)

- 면방직 섬유 산업군에서 한국에서 가장 존경받는 기업은 일신방직
이 종합 점수 6.91로 큰 점수 차로 1위를 차지하였으며 2004년 대비 높

은 평가를 받았다. 효성은 합성섬유 산업군에서 유일하게 6점대를 기록하였으나 2004년 대비 크게 하락한 모습을 보였고, SK케미칼이 2위, 코오롱이 3위를 기록하였다.

- 음료 산업군에서 롯데칠성음료는 2004년 대비 0.51점 높은 6.91점을 기록하며 1위를 차지하였고 혁신 활동, 경영진의 경영 능력, 재무 건전성, 경영자산 활용도에서 우수한 평가를 받았다. 하이트맥주는 주류 산업군에서 2004년 대비 다소 높은 6.61점을 기록하며 2004년 1위인 국순당을 제치고 1위를 차지하였다.

- 제지 산업군에서 1위인 한솔제지는 2004년과 비슷한 점수 분포를 보였으며 특히, 혁신 활동, 경영진의 경영 능력, 인재 육성 투자 등에서 다른 기업들보다 우수한 평가를 받았다.

- 오리온은 제과 산업군에서 6.27점을 기록하며 1위를 하였고, 특히 고객만족 노력과 기업 신뢰성 등에서 높은 점수를 받았다.

- 식품 산업군에서 1위를 차지한 CJ는 고객만족 노력, 사회공헌에서 다른 기업들에 비하여 높은 평가를 받았으며, 2위인 농심은 재무 건전성, 제품품질 기업 신뢰성과 선호 기업에서 좋은 점수를 받았다.

- 태평양은 화장품 산업군에서 8.12점으로 다른 기업들과 월등한 점수 차이를 보이며 1위를 차지하였는데, 특히 혁신 활동, 경영진의 경영 능력, 재무 건전성, 고객만족 노력 요소가 8점 이상의 높은 점수를 기록하였다.

- 제약 산업군에서 유한양행은 2004년에 이어 1위를 차지하였으며 SK는 정유 산업군에서 1위를 하였다.

- 석유화학 산업군에서 1위를 차지한 LG석유화학은 2004년에 비해

다소 높은 평가를 받았고, 석유화학 합성 산업군에서는 LG화학이 재무 건전성을 제외한 모든 요소에서 높은 점수를 받았다.

• 한일시멘트는 시멘트 산업군에서 다른 기업들에 비하여 매우 우수한 평가를 받으며 1위를 차지하였고, 철강 산업군인 포스코 역시 2위와 큰 점수 차이를 기록하며 높은 평가를 받았다.

• 삼성전자는 가전부문과 정보통신기기에서 1위를 하였고, 특히 경영진의 경영 능력과 재무 건전성 등이 높은 점수를 받았다.

• 전자부품에서 삼성SDI는 모든 요소에서 다른 기업들에 비하여 양호한 평가를 받았으며, 특히 혁신 활동, 재무건전성, 인재 육성 투자, 제품품질 등에서 좋은 점수를 받았다.

• 대우조선해양은 조선 산업군에서 2004년 1위 기업인 현대중공업에 비해 8.01점으로 양호한 점수를 기록하였고, 자동차 산업군에서 현대자동차는 모든 요소에서 양호한 수준을 보이며 1위를 하였다.

• 현대모비스는 자동차부품 산업군에서 2004년에 이어 우수한 점수를 받았으며 특히, 경영진의 경영 능력 및 재무건전성, 경영자산 활용도는 7.7점 이상으로 우수한 점수를 기록하였다.

서비스업(16개 기업)

• 도시가스 산업군에서 2004년에 이어 1위를 차지한 삼천리는 복리후생, 근무 환경을 제외한 모든 요소에서 다른 기업들에 비하여 양호한 수준을 보였으며, 특히 재무 건전성은 8점 이상을 기록하였다.

• 한국수력원자력은 발전 산업군에서 1위를 차지하였으며, 건설 산업군에서 대림산업은 삼성물산과 GS건설을 간발의 차로 제치고 1위

를 하였다.

- 삼성물산은 종합상사 산업군에서 1위를 하였으며 모든 요소에서 높은 평가를 받았다.
- 백화점 산업군에서 신세계 백화점은 2004년 대비 높은 평가를 받으며 1위를 하였으며, 현대백화점은 2004년 대비 높은 평가를 받았으나, 신세계 백화점과 큰 점수 차를 보이며 2위를 기록하였다.
- 신세계 이마트는 대형할인점 산업군에서 2004년에 이어 1위를 차지하였고, 편의점 산업군에서 GS리테일은 7.10점으로 2004년 대비 높은 평가를 받으며 1위를 기록하였다.
- SK텔레콤은 통신서비스 산업군에서 8.01점으로 2004년 대비 높은 평가를 받으며 1위를 차지하였으며, 공동 2위인 KT, KTF는 SK텔레콤과 큰 편차를 보였다.
- 해운 산업군에서 1위를 차지한 한진해운은 7.00점으로 2004년대비 다소 낮은 평가를 받았고, 대교 역시 교육서비스 산업군에서 2004년도에 이어 1위를 하였으나 2004년에 비해 다소 낮은 평가를 받았다.
- 신라호텔은 호텔 산업군에서 2004년과 비슷하게 평가를 받으며 1위를 하였으며 모든 평가요소에서 높은 점수를 받았다.
- 정보기술 서비스 산업군에 삼성SDS는 7.30점으로 2004년 대비 다소 높은 평가를 받았고, 은행 산업군에서 신한은행도 2004년 대비 높은 평가를 받으며 1위로 선정되었다.
- 삼성생명은 생명보험 산업군에서 1위를 차지하였고 대부분의 요소에서 다른 기업들에 비해 높은 평가를 받았다.
- 손해보험 산업군에서 삼성화재는 2004년 대비 다소 높은 평가를 받

으며 1위를 차지하였고, 특히 재무건전성과 인재육성투자, 기업신뢰
성은 8점 이상의 우수한 점수를 받았다.

- 신용카드 산업군에서 삼성카드는 2004년 3위였으나 2005년에는
6.38점으로 2004년 대비 높은 평가를 받으며 1위를 차지하였고, 신한
카드는 6.14점으로 2위를, 2004년 1위인 현대카드는 5.99점으로 3위로
내려앉았다.

2005년 산업별 1위 기업

▪ LG석유화학

석유화학 공업은 고급 석유에 해당하는 나프타(Naphtha) 등에서 에틸렌, 프로필렌 등의 기초 유분을 뽑아내는 과정이며 석유화학 산업의 근간을 이룬다.

LG석유화학은 이러한 NCC 사업을 선도하고 있는 순수 석유화학 기업이다. 1991년 전남 여수시 석유화학단지 내에서 상업 생산을 시작한 이후 신·증설 및 공정 합리화 과정을 통해 에틸렌 기준 연산 76만 톤 규모의 NCC 공장과 13만5천 톤 규모의 부타디엔 공장, 34만 톤 규모의 BTX(벤젠, 톨루엔, 자일렌) 공장, 31만 톤 규모의 고밀도 폴리에

틸렌(HDPE) 공장 등을 가동하고 있다.

LG석유화학은 초기 투자비의 단 25%만으로 생산 능력을 두 배로 확대시킨 세계적인 수준의 원가 경쟁력을 보유한 기업이다. 단일 공장으로서는 국내 최대 규모를 자랑하며 아시아에서 세 번째로 높은 에틸렌 생산 능력을 보유하고 있다.

이러한 경쟁력을 바탕으로 2004년 기준 매출액 1조 7천9백33억원, 당기순이익 2천76억원을 달성하여 사상 최고의 경영 성과를 실현하였다. 또한 차입금 4백39억원, 부채 비율 39%로 업계 최고 수준의 재무 안정성을 확보하여 실질적인 무차입 경영 상태를 유지하고 있다.

NCC 사업 부문에서는 2003년 4월 분해로 1기를 추가 건설하여 생산성 향상과 원재료비 절감의 노력을 기울이고 있고, 이익 기여도가 큰 제품인 부타디엔 공장은 불순물 제거 장치를 설치하여 공장 증설 없이 연간 1만 7천 톤을 증산하여 수익성 개선에 이바지하기도 하였다.

연구개발 부문에서는 세계적인 엔지니어링 회사인 ABB 루머스와 에틸렌 수율을 획기적으로 높일 수 있는 촉매분해(Catalytic Cracking) 프로젝트의 공동 연구개발 계약을 체결하고 향후 상업화를 위한 개발에 박차를 가하고 있다.

HDPE 사업부문 역시 6시그마 등의 혁신 활동을 통해 추가 투자 없이 단위 공정별 운전을 최적화하여 연간 31만 톤 규모의 생산량을 확보하였으며, 특화제품 매출 비중을 39% 수준으로 확대하여 수익성을 극대화하고 있다. 향후 투자 계획 및 연구개발 계획도 이러한 사업 전략을 토대로 수립된 것인데, LG석유화학은 기존 NCC 공장의 생산 규모를 2006년까지 86만 톤으로 확대할 계획이다. 또 전략적 신규 사업

LG석유화학은 사회보호시설의 원생들을 초청하여 '사랑나눔 행사'를 가졌다.

LG석유화학 여수공장 자원봉사단 '파랑새'는 매년 2회씩 소록도 병원을 찾아 위문 공연을 통한 봉사를 하고 있다.

으로 투자비 2천2백억원 규모의 성장성과 수익성을 동시에 확보할 수 있는 비스페놀-A(BPA) 사업을 추진 중에 있다.

BPA 사업은 폴리카보네이트 수지와 에폭시 수지의 주요 원료이며 1990년대 후반 이후 고도성장을 지속해 온 분야로 세계 시장 규모가 약 3백10만 톤에 달하여 BPA 사업에 거는 기대가 크다.

이러한 신규 사업의 성공적인 시장 진입과 품질 안정화와 수익성 창출을 위해 LG석유화학은 영업 및 마케팅 역량을 강화하고 생산·연구·영업 조직을 유기적으로 연계하여 총체적인 고객 만족 활동을 펼쳐 나간다는 방침이다.

이러한 고객 중시 경영전략은 주주 이익을 적극 반영하는 주주가치 경영과 기업의 본분인 투명경영 등으로 집약된다.

2001년 7월 거래소 시장에 상장하여 업계 최고의 재무 건전성과 안정적 수익을 바탕으로 높은 배당을 실시하여 주주 이익을 중시하는 기업으로서 굳건히 자리매김하고 있다.

2002년 이후 3년 연속 한국경제신문과 엘테크신뢰경영연구소가 공동 제정한 '훌륭한 일터상(GWP)' 수상을 비롯해 2003년 한겨레신문이 선정한 화학부문 '기업 투명성 1위 기업'으로 뽑히기도 하였다. 또 2004년 노동부가 선정한 '신노사문화 우수 기업'에도 이름을 올려 경영진과 종업원들의 신뢰도 및 기업 문화 면에서 글로벌 수준임을 다시 한번 확인하였다.

■ 대교

'눈높이사랑 눈높이교육'을 모토로 내세운 대교는 1976년 창사 이래 30여 간 우리나라의 교육계를 이끌어 온 기업이다.

아이들의 눈높이에서 시작하고 눈높이에 맞게 관리하여 눈높이 자체를 높이고자 하는 '눈높이 교육 철학'을 바탕으로 과목별 학습지는 물론, 멀티미디어 교재를 개발하고 개인별·능력별 교육을 실천하여 21세기 세계적인 교육 서비스 기업으로의 도약을 꾀하였다.

대교는 방대한 교육 콘텐츠와 노하우를 기반으로 사이버 교육 사업으로 교육 포털 사이트인 에듀피아닷컴(www.edupia.com)을 운영, 다양하고 알찬 정보를 온라인으로 제공하고 있다.

유아부터 초·중·고교생을 대상으로 하는 국어·영어·수학·과학·한자 등 과목별 학습지를 비롯하여 눈높이한글, 눈높이놀이수학, 슈퍼톡톡, 소빅스 한글땅, 소빅스 베베, 소빅스 수학땅 등 유아 전문 학습 교재까지 다양한 영역의 학습 프로그램을 개발하였다. 또한 눈높이 브랜드를 글로벌 브랜드로 확대하기 위해 해외용 브랜드인 'E.nopi'를 만들어 해외 시장 진출에 박차를 가하고 있다. 현재 미국, 캐나다, 싱가포르, 뉴질랜드, 호주, 영국, 일본, 필리핀, 중국, 말레이시아, 인도네시아 등 전 세계에 현지 법인 및 프랜차이즈 형태로 진출해 있으며, 미국의 경우 1991년 이후 2005년 현재까지 현지 법인 11곳, 프랜차이즈 8곳을 설립하여 눈높이 브랜드의 우수성을 알리고 있다.

대교는 2001년 다국적 컨설팅 업체인 맥킨지에 성공적 변화 프로그램을 자문하고 그 결과를 토대로 온·오프라인이 결합된 통합 학습 시

대교의 '눈높이 사랑 봉사단'은 매년 '어린이 교통 안전 캠페인'을 실시하고 있다.

스템을 구축하여 적극적인 CS 전략을 추진하고 있다.

2001년 교육부문 최초로 ERP 시스템을 구축하여 투명경영과 최첨단 교육 서비스를 제공하고 있고 최첨단 PDA 단말기를 이용하여 각종 회원관리 업무를 수행할 수 있는 눈높이 모바일을 도입하였으며, 에듀피아닷컴을 개편하여 눈높이 회원에 대한 온라인 서비스를 획기적으로 개선하였다.

또한 대교는 6백여 개가 넘는 지점들이 전국에 산재해 있는 현실을 감안, 2004년부터 기업문화 활동으로 전개하고 있는 '훌륭한 일터 만들기(GWP)' 프로그램을 실시 중이다.

이는 취미생활 위주의 지점별 개별 모임이 구성원간 자부심을 증대하고 고객 만족을 위한 기업 활동으로까지 이어질 수 있도록 유도하여 새로운 조직 문화를 구현하기 위한 것이다.

그 결과 바자회를 통한 수익금으로 결식아동 돕기, 어버이날을 맞아

노인정 방문 잔치 등 다양한 봉사활동을 자발적으로 펼치고 있다.

또한 건강한 가정의 소중함과 젊은 직원들의 사기를 북돋워 주기 위한 프로그램으로 신혼부부 축하연을 시행하는가 하면 기업 구성원들의 가족들에게도 관심을 기울이고 있다. 지난 18년간 매년 효도관광을 진행하고 있는데, 매년 초대되는 가족 수가 1천여 명에 이른다.

대교는 수익의 일부를 사회에 환원하는 사회공헌 활동에도 힘써 2001년 전국경제인연합회에서 추진하는 경상이익 1%를 사회에 환원하자는 취지에서 결성된 '1% 클럽'에 가입하였고, 안전생활실천시민연합과 공동으로 어린이 안전사고 예방을 위한 활동으로 교통안전 캠페인을 비롯한 다채로운 프로그램을 지원하고 있다. OECD 가입 국가 가운데 어린이 안전사고 사망률이 선진국의 4~5배에 달하는 국내 현실을 감안한 조처이다.

또한 임직원과 눈높이교사들이 함께 참여하는 봉사단체 '눈높이사랑봉사단'은 전국에 35개의 지회와 1만여 명의 회원으로 구성되어 있으며 매월 급여의 일부분을 적립하여 어려운 이웃을 돕고 있다. 이러한 활동은 사회에서 소외된 사람들에게 이웃 사랑을 실천하여 모범 기업, 모범 사회인으로서의 역할을 수행하고자 하는 기업 문화의 자연스러운 발현이다. 1991년 건강한 사회를 건설한다는 취지 아래 설립된 대교문화재단에서는 각종 장학 사업, 교육지원 사업, 문학지원 사업 등을 펼치고 있다.

대교는 눈높이 여자 배드민턴단과 캥거루스 여자 축구단을 창단, 국민 체육의 건강하고 균형 있는 발전을 도모하고 비인기 종목의 활성화를 위해서도 노력하고 있다.

▪ 삼성생명

삼성생명은 1957년 창립 이래 50년 가까이 국민 복지 향상의 견인차 역할을 수행해 온 생명보험사이다. 2004년 3월 현재 자산 83조원, 매출 23조원, 보유계약 규모 4백11조원으로 국내 최대 규모의 생보사로 성장하였다.

삼성생명은 고객이 기업 경영의 근본이라는 인식 아래 '고객 섬김'의 경영 실천을 통해 보험 문화의 체질 개선을 선도하고, 1993년 고객만족헌장을 제정하여 전사 차원의 고객만족경영을 본격화하였다. 1994년 보험 상품의 품질은 물론 서비스의 완벽주의를 주창하며 획기적 고객우선 정책인 보험품질 보증 제도를 세계 최초로 실시하여 업계 전반에 걸쳐 서비스 체제 혁신의 새로운 전기를 마련하였다.

또한 병원 내에서 보험금 청구부터 지급에 이르는 모든 과정이 한번에 이루어질 수 있도록 '병원 원스톱 보험금 지급 서비스'를 업계 최초로 실시하고 있다. 또한 고객을 직접 찾아가 보험금 지급 관련 업무를 도와 주는 '보험금 방문 지급 서비스'와 함께 고객이 직접 회사를 방문하는 불편을 해소하기 위해 전화·인터넷을 이용한 '보험거래 자동화 시스템'을 선도적으로 도입하였다.

2003년 △글로벌 일류에 도전 △고객을 섬기는 마음 △정직과 성실로 승부 △신뢰와 팀워크의 일터 △선진 금융문화 창조 등 5대 공유 가치를 선포하고 조직 전반에 고객 중시 문화와 고객 신뢰 경영 체제가 뿌리 내릴 수 있도록 '영업윤리 강령'을 별도로 작성하여 영업 관련 임직원의 필수 행동규범으로 정하였다. 또한 상품 개발 단계에서부터

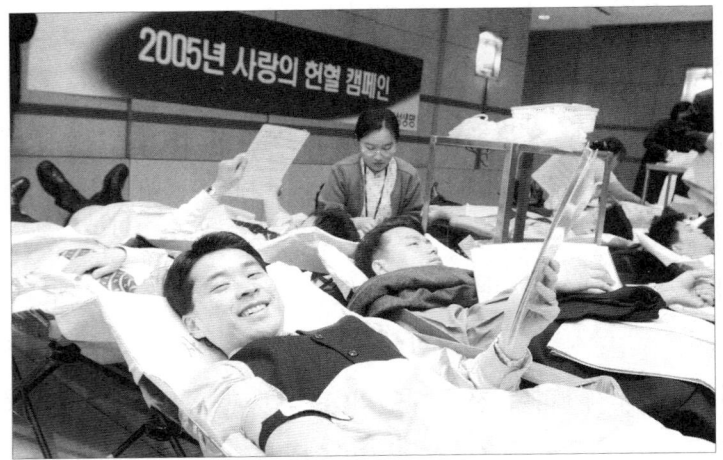

가족 사랑, 이웃 사랑의 기업정신으로 밝고 건강한 사회 만들기를 위해 노력하고 있는 삼성생명의 '사랑의 헌혈 캠페인'.

삼성전자 임직원들이 참여한 연말 이웃 사랑 캠페인.

보험금 지급에 이르는 모든 과정에 고객의 목소리가 담길 수 있도록 사장 직속의 고객지원실을 마련하여 적극 활용하고, 고객의 소리를 청취하는 채널을 온·오프라인으로 다각화하여 운영하고 있다. 삼성생명 홈페이지에는 다양한 계층의 고객들이 패널로 참가하는 별도의 커뮤니티도 마련되어 고객이 기업 경영활동 전반에 대하여 참신한 제언을 내놓을 수 있도록 하였다.

따라서 삼성생명 컨설턴트들은 단순히 보험 상품을 취급하는 '판매사원'의 입장에서 벗어나 고객의 미래 설계와 자산관리 컨설팅 서비스까지 제공하는 등 활동 범위를 더욱 넓히고 있다.

글로벌 경쟁력을 갖춘 인재를 양성하기 위해 국내 최초로 국제공인 재무설계사(CFP) 및 종합재무설계사(AFPK) 자격 취득 교육 프로그램을 개설해 종합 재무 설계가 가능한 선진 금융 전문가를 키워 내고 있고, 우수 영업관리자 양성 프로그램인 BMC(Basic Management Course)와 AMC(Advanced Management Course) 과정을 운영하여 금융 컨설팅 서비스의 선진화를 꾀하고 있다.

이 밖에도 세계 지역별 전문가를 육성하는 지역 전문가 프로그램을 비롯하여 현지화 능력 개발 과정, 선진 기업 전문 연수 프로그램, MBA 과정, 서울대 마케팅 과정 등을 통해 금융 지식을 겸비한 재무 컨설턴트(FC)를 양성하고 있다. 인터넷과 위성교육방송 등을 활용한 다양한 방식의 교육 시스템을 통하여 임직원과 컨설턴트들의 자기계발을 돕고 있는 것이다.

삼성생명은 '다 함께 잘 사는 세상'을 모토로 사회봉사와 문화예술 및 스포츠 지원 사업에도 적극적이다. 맞벌이 부부의 자녀를 위해

1991년 '어린이 집 건립 운동'을 시작, 서울 및 대도시 중심으로 운동을 펼쳐 가고 있다. 현재 '삼성어린이집'은 전국에 걸쳐 25개소가 마련되어 운영 중이다.

또한 1995년 전사적 차원으로 사회봉사팀을 발족하고 1999년부터 이를 더욱 확대하여 '하트플랜', '하트펀드', '하트119' 등 다양한 자원봉사 프로그램으로 체계화하여 모든 임직원과 컨설턴트들이 참여하는 새로운 기업 문화로 정착시켰다. 최근에는 여성가장 창업 지원 활동을 적극적으로 펼치고 있다.

한편 2001년 삼성생명 공익재단을 통해 안락한 노후 생활을 위한 실버타운 '노블 카운티'를 개원하는가 하면 삼성의료원과 예술·문화 공간인 '로댕갤러리' 등을 설립하여 국민 건강 증진 및 문화예술 진흥 사업에 일조하고 있다. 1982년과 1983년에 여자 농구단과 레슬링단을 각각 창단한 것을 시작으로 스포츠 분야에 대한 지원 사업 역시 폭넓게 진행하고 있다.

▪ 신한은행

1982년 자본금 2백50억원, 임직원 2백79명, 단 3개의 점포로 출발한 신한은행은 2004년 말 현재 총자산 83조 8천1백11억원, 자기자본 4조 1천2백53억원, 직원 수 4천8백5명, 점포 수 3백88개, 총 수신 55조 5천 2백47억원, 당기순이익 8천4백41억원으로 명실상부한 국내 대형 우량 은행으로 탈바꿈하였다.

신한은행은 창립 당시 국내에 새로운 금융 문화를 창조하려는 의지를 집약한 '7B 경영이념'을 제정하였는데, 이는 나라를 위한 은행, 대중의 은행, 서로 돕는 은행, 믿음직한 은행, 가장 편리한 은행, 세계 속의 은행, 젊은 세대의 은행으로 발돋움하겠다는 것이다. 최근 이러한 이념을 바탕으로 '고객과 사회의 가치를 창조하는 초일류의 종합 정보 서비스 은행'의 '신한비전 21'을 선포하고 다시금 일대 도약을 준비 중이다.

1998년 국내 은행 최초로 시장별 사업본부제를 도입하는가 하면 1999년에는 지배 구조를 이사회 위주의 책임경영 체제로 전환하고 선진 금융 시스템을 남보다 앞서 준비하고 성공적으로 정착시켰다. 이는 IMF 외환 위기 이후 금융권에 불어닥친 구조조정의 소용돌이 속에서도 흔들림 없이 성장하여 대형 우량은행으로 한 단계 도약하는 발판이 되었다.

또한 MRB(Millennium Retail Branch) 제도를 도입하여 국내 최초로 한 직원이 모든 은행 업무를 처리해 주는 '원스톱 서비스(One Stop Banking Systems)'와 통합고객관리 시스템(SRMS), 선진 기

신한은행은 기업의 이익을 사회에 환원하고 그로 인한 성과와 가치를 공유하기 위해
노력하고 있다.

전 직원과 고객이 함께 참여할 수 있는 사회공헌 활동을 지향하고 있는 신한은행의
'자원봉사 발대식'.

업여신 관리 시스템인 CRM 등을 운영하여 체계적이고 차별화된 고객 관리에 만전을 기하고 있다.

특히 고객만족을 위해 각종 채널을 통해 접수되는 '고객의 소리(VOC)' 뿐만 아니라 CS컨설팅팀 운영과 정기적인 품질조사 활동을 통해 다양한 고객 의견을 취합, 분석하여 은행 경영 정책에 적극 반영하고 있다.

이를 반영하듯 '1인당 생산성 최고 은행', '인재경영 최우수 은행', '기업변혁 우수 사례 대상', 금융감독원 발표 '민원발생지수 최저 은행', '인터넷 뱅킹 리더' 등의 수식어구가 각종 언론 지면을 장식하기도 하였다.

2004년에는 전경련과 서울경제신문이 공동 주최한 '존경받는 기업 부문 최우수상', 한국소비자포럼과 한국경제신문이 공동 주최한 '소비자 신뢰기업대상' 신산업연구원이 주관한 '한국윤리경영대상' 에서 종합대상 등을 동시에 수상하는 영예를 안기도 하였다.

신한은행은 인력개발을 위한 교육 프로그램에도 남다른 열정을 쏟아 왔다. 교육을 위한 교육이 아니라 현업에 적용될 수 있고 성과 향상을 효과적으로 지원할 수 있는 교육을 실시하는 것이 목표이다.

따라서 교육 전반에 대해 객관적인 진단과 더욱 선진화된 교육 체계를 구축하기 위해 2002년 세계적인 HR컨설팅 기관인 머서컨설팅(MERCER)에 자문을 받고 TOT(Transfer of Training) 실행 프로그램을 개발·운영하여 각 교육 과정에 적용하는 등 교육 수준의 향상을 위해 총력을 기울이고 있다.

신한은행은 또한 사회적 책임을 다하기 위하여 2000년 10월 자체 윤리강령을 제정, 시행 중이다. 정직과 신용을 기본으로 고객과 사회로부터 가장 신뢰받는 세계 수준의 초우량 은행으로 성장하기 위한 자기혁신의 구체적인 사례인 것이다. 2004년에는 이를 개정하여 기업으로서 지켜야 할 기본 윤리와 임직원들이 금융인으로서 지녀야 할 건전한 직업윤리, 사회 구성원으로서 준수하여야 할 윤리기준 등을 구체적인 실천 프로그램으로 명시하였다.

2004년 7월 은행권 최초로 전 직원이 봉사단으로 참여하는 '신한은행 봉사단'을 발족, 기업의 이익을 사회에 환원하고 그로 인한 성과와 가치를 지역사회와 공유하기 위해 끊임없이 노력하고 있다.

전국 1천7백여 소년소녀 가장과 결식아동 지원 행사인 '2004 따뜻한 겨울나기 사랑 나눔 대축제'를 비롯하여 재난재해 긴급복구 지원(충북 설해 복구 및 나주 태풍 피해), 임원 자원봉사 활동(영락애니아의 집, 청운요양원), 사랑의 도서 모으기 캠페인, 어린이 경제교실 운영, 사회복지시설 방문, 사랑의 리퀘스트 방송 출연, 겨울나기 물품 후원, 취미활동부 연합 자선 바자회, 사랑의 헌혈 운동, 보육원 아동 초청 어린이 캠프, 아름다운 재단과의 제휴를 통한 사회 공헌, 미아 찾기 전단 발송, 복지시설 청소년 초청 문화 행사 등을 실시하고 있다.

자신의 풍요로움만을 추구하는 화려한 도자기형 기업이기보다는 넓은 사발처럼 쓰임새 많고 친근하게 느껴지는 기업을 추구하겠다는 것이 신한은행의 경영 철학이다. 2004년 기준으로 총 2백86개 부서 4천8백여 명의 임직원이 자원봉사에 참여하였다.

▪ 제일모직

제일모직은 국내 섬유산업 발전의 견인차 역할을 담당해 온 기업으로서 1954년 설립 이후 1979년 신사복 생산으로 패션 부문에 진출하였고 1989년에는 화학수지 분야로까지 사업을 다각화하였다. 1996년 전자재료 부문에 뛰어들면서 21세기 초우량 기업으로의 변모를 일찌감치 예고하였다.

특히 전자재료 사업은 EMC 공장 준공 이후 2000년부터 자체 개발한 신소재 9개 품목을 본격 출시함으로써 성공적인 구조조정의 대표 사례로 손꼽힌다.

제일모직은 연구개발 분야에 임직원의 12%가 투입되었는데 R&D 분야에서 이미 세계적인 수준에 도달하였음을 의미한다.

또한 과감한 투자와 지원을 통해 케미칼연구소, 응용개발센터, 생산기술연구센터, 전자재료연구소, 패션연구소, 섬유연구소, 이태리 패션디자인센터 등이 왕성한 연구 성과를 내놓고 있다.

특히 1988년 설립된 케미칼연구소는 고부가·고기능의 신제품 개발에 주력하여 14년간 총 1천45건의 특허를 출원하는 등 활발한 활동을 전개하고 있다. 세계 최초 친환경 비할로겐 난연 ABS 수지 개발을 비롯해 초박막 냉장고 시트용 ABS 수지, 난연 HIPS와 고충격 HIPS, 휴대전화 외장재용 PC, TFT-LCD 백라이트 프레임용 수지, 투명 ABS, 영구제전 ABS, 항균수지, 초내열 ABS 등 다양한 분야의 신제품 개발에 성공하여 관련 업계의 이목을 집중시켰다.

첨단 IT 기술의 산실인 전자재료연구소는 2001년에 설립되어 반도

제일모직은 인재 중시 경영 철학을 바탕으로 뛰어난 연구 성과를 내놓고 있다.

제일모직은 자연사랑 캠페인을 연중 실시하는 등 환경친화기업으로 성장하고 있다.

체 · 디스플레이 · 리튬 2차 전지 재료와 기능성 재료 등을 연이어 개발, 국산화에 성공함으로써 제일모직이 첨단 IT소재 기업으로 도약하는 데 큰 역할을 담당하였다.

반도체 봉지재인 EMC에 이어 전자파 차폐재인 EMS, 2차 전지 재료인 전해액 등의 개발은 전자재료연구소의 대표적인 성과물이다. 또한 반도체 웨이퍼 표면 연마제인 CMP 슬러리와 디스플레이 소재인 CR, ACF, 도광판 등을 개발, 사업화함으로써 수입에 의존하던 전자재료의 국산화에 앞장서고 있으며 PI, 확산판, 양극활물질 등은 현재 개발 완료 단계에 이르렀다.

1979년 설립된 섬유연구소는 고부가가치 기술 축적과 방모공정 일관화, 생산납기 단축 등을 실현하였다. 또 최고급 복지인 VIP 2000, 170수 복지인 란스미어 220 등을 개발, 오늘날 세계 최고 수준의 복지를 생산할 수 있는 기반을 마련하였다.

패션연구소는 1993년 삼성그룹의 패션디자인 연구를 위해 설립된 기관인데, 신상품 기획은 물론 소비자 연구, 브랜드 전략 마련을 담당하고 있으며, 삼성디자인넷을 통해 패션전문가 육성에도 힘을 쏟고 있다. 이와 함께 글로벌 디자인 경쟁력을 강화하기 위해 이탈리아 밀라노 디자인센터와 비엘라 연구소를 공동 운영하고 있다.

제일모직이 이처럼 업계에서 뛰어난 연구 성과를 내놓고 있는 것은 인재를 중시하는 경영 철학이 근간을 이루었기 때문이다. 제일모직은 모든 직원이 각자의 역량을 최대한 발휘할 수 있도록 선진 인사 제도를 시행하고 있고, 지역전문가 제도, 삼성MBA, 직능별 리더 교육, 사이버 열린 학습 등 체계적인 인재 육성 프로그램을 마련하여 경쟁력과 전문능력을 갖춘 인재를 육성하고 있다.

기업의 사회공헌 활동에도 적극적인데 1995년 국토 최남단에 위치한 남제주군 가파초등학교와 자매결연을 한 후 10년간 매년 견학, 홈스테이 등의 초청 행사를 개최하고 있다. 1996년부터는 한국시각장애인연합회와 공동으로 전국 시각장애인 탁구 대회를 매년 개최, 장애인들에게 용기와 희망을 심어 주고 있다.

또한 구미, 여수, 의왕 등 각 사업장별로 봉사단을 조직하여 전국 국립공원관리공단과 함께 '빈폴 자연사랑 캠페인'과 환경보전 활동을 시행하는 등 지역사회 발전에 기여하는 다양한 봉사활동을 실시하고 있다.

2003년 기업을 창업한 곳이기도 한 옛 대구 사업장 부지에 관람석 1천5백8석 규모의 대구 오페라하우스를 건립, 대구 시민들에게 기증하였고, 문화사업 외에 스포츠 발전을 위해서도 다양한 활동을 전개해 왔다. 특히 1998년부터 2002년까지 박세리 선수의 성공적인 미국 LPGA 데뷔를 지원한 데 이어 강수연, 송아리 선수의 LPGA 활동을 지원함으로써 한국 선수들의 세계 진출을 적극 돕고 있다.

▪ 태평양

태평양은 1945년 창립 이래 국내 화장품 산업을 이끌어 온 선도기업이다.

고객의 미와 건강을 위해 기업의 목표를 '토털 케어를 제공하는 글로벌 기업'으로 정하고 최근 R&D와 인적자원에 집중 투자하여 글로벌 경쟁력을 쌓아 가고 있다. 특히 국내 시장에 머무르지 않고 아시아 더 나아가 유럽과 미국 대륙 진출까지 꾀하는 등 기업의 새로운 도약기를 준비 중이다.

우선 세계 시장에 진출하기 위해 중국과 프랑스를 전초 기지로 설정, 사운을 건 총력전을 펼치고 있는데 성장 잠재력이 큰 중국시장은 문화적 동질성과 함께 지리적인 이점을 살려 태평양이 아시아의 강한 기업으로 성장할 수 있는 지렛대로 적극 활용한다는 계획이다.

2002년부터 중국 시장 공략을 본격화한 라네즈는 홍콩 소고백화점에 라네즈 매장 1호점 개점을 시작으로 2004년 말 현재 중국 전역에 70개 매장으로 확대, 운영 중이다. 또한 2004년 9월에는 국내 시장에서 돌풍을 불러일으킨 '명품 한방 화장품' 설화수를 홍콩에 처음 선보였고 상해에서 '자연주의 화장품' 이니스프리를 선보이기도 하였다.

태평양은 중국을 제외한 아시아 각국에 30여 개의 라네즈 매장을 설치 · 운영 중이며 일본 시장에도 도전장을 던지고 있다.

또한 화장품의 본 고장인 프랑스 시장에 진출한 것은 아시아 기업에 대한 편견을 정면 돌파하겠다는 정공법이라는 측면에서 특별한 의미가 있고, EU라는 거대 시장을 겨냥한 야심 찬 계획이기도 하다.

태평양은 고객 사랑과 사회적 책임을 실천하고 있다. 사진은 부산 핑크리본 사랑 마라톤 대회.

태평양은 사랑의 연탄 나누기 등 다양한 나눔 행사를 펼치고 있다.

프랑스 시장 공략의 첨병은 프랑스 현지에서 직접 생산한 향수로, 2004년 4월 샤르트르에 현대식 공장까지 준공하여 공격적인 마케팅을 펼친 결과 '롤리타 렘피카'가 프랑스 여성 향수 시장에서 2.8%라는 기대 이상의 점유율을 기록하기도 하였다.

태평양은 기존 사업의 확대와 적극적인 신규 사업 진출, 해외 시장 개척 등을 통해 탁월한 경영 성과를 거두어 고객에게는 믿을 수 있는 상품과 고품격 서비스를 제공하는 기업, 주주에게는 투자하고 싶은 기업, 근로자에게는 근무하고 싶은 기업으로 지속적인 성장을 거듭하고 있다.

또한 다양한 유통 채널에서 성공을 거두어 경기 상황에 관계없이 안정적인 매출 기조를 유지하였고, 최근에는 고객이 직접 고품격의 서비스를 체험할 수 있는 새로운 방식의 '디 아모레 갤러리'와 녹차 관련 테마를 한데 모은 '오 설록 티하우스'를 개관하여 고객에게 새로운 체험의 기회를 제공하고 있다.

국내 시장 변화에 적극 대응하기 위해 서비스 및 상품 진열을 한 단계 업그레이드한 '휴플레이스'는 2004년 말 현재 전문 매장을 전국 3백4개로 확대, 고객만족 최우선주의를 실천하고 있다.

환경경영의 일환으로는 1993년 9월 '환경무한책임주의'를 선언하고 '태평양 그린 운동'을 전개하고 있다.

이는 제품 개발 단계에서는 자원 절감 및 용기 재활용 등이 쉽도록 설계하며, 생산 단계에서는 제조방식을 친환경적 청정 생산 공정으로 개선하고, 물류 단계에서는 공동배송, 거점 조정 등으로 운송 과정에서 사용되는 연료를 줄임으로써 에너지를 절감하고 이산화탄소 배출

량을 감소시키자는 환경 운동이다.

한 마디로 태평양은 상품 개발, 생산, 물류 등 모든 과정에서 환경에 미치는 영향을 최소화하는 체제로 운영되고 있으며 2003년부터 각 부문에 GMF(Green Movement Facilitator)를 두어 부문별 과제를 도출하고 이를 실천에 옮기고 있다. 그 결과 수원 · 대전 · 김천 · 진천공장 등이 국제표준화기구에서 제정한 환경경영체계 국제표준인 'ISO 14001 인증' 을 획득하였으며 환경부로부터 환경 친화 기업으로 지정받기도 하였다.

또한 2003년 9월 윤리경영을 선언하고 투명경영, 지역사회 공헌, 정직한 직무 수행 등 윤리경영 활동을 전개, 고객 신뢰 구축의 새로운 전기를 마련하기도 하였다.

1973년 태평양장학문화재단을 설립하여 여성과 아동의 복지 증진과 삶의 질 향상에 초점을 맞추어 사회공헌 활동을 실천하고 있으며, 2000년에 별도 설립한 비영리 공익기관인 한국유방건강재단에서는 저소득층 수술비 지원, 유방암 예방검진 사업, 건강강좌, 유방암 학술연구비 지원 등 다양한 공익 활동을 전개하고 있다.

▪ 한국수력원자력

한국수력원자력은 정부의 공기업 민영화 방침에 따라 한국전력공사에서 원자력과 수력발전 부문을 분리하여 독립한 전력회사이며, 2001년 4월 에너지산업 선도기업을 표방하고 정식 출범하였다.

한국수력원자력은 20기의 원자력발전소와 27기의 수력발전소를 가동, 2004년 기준 국내 전체 발전량의 38.6%를 생산·판매하였고 자산 규모는 21조 6백19억원에 이르는데 이는 2001년 기업 출범 당시와 비교하여 20% 증가한 것이다. 2004년 매출 규모 5조 7백36억원에 8천53억원의 순익을 기록하였고, 출범 당시 103%이던 부채비율이 3년 만에 71.4%로 내려갔다. 매출 성과뿐 아니라 재무 건전성 측면에서도 초우량 기업으로 손꼽힐 만하다.

세계적인 신용평가 회사인 스탠더드 앤드 푸어스(S&P)는 한국수력원자력의 매출액 및 영업이익 증가 등을 들어 2005년 3월 원화표시 신용등급(Local currency credit rating)을 기존의 'A-, 안정적'에서 'A, 안정적'으로 한 등급 상향 조정하였다. 미국의 신용평가 기관인 무디스 역시 2004년 9월 외화표시 신용 등급의 전망을 기존의 'A3, 안정적'에서 'A3, 긍정적'으로, 원화 표시 신용 등급을 'A2, 긍정적'으로 각각 한 단계씩 상향 조정하였다.

한국수력원자력은 기술 혁신을 통해 경영 효율을 향상시켜 글로벌 경쟁력을 갖춘 기업으로 평가받고 있다. 전 세계에서 운영 중인 원전 가운데 이용률 세계 1위를 기록한 영광원자력 3호기가 대표적인 사례이다.

지역사회와 함께하는 한국수력원자력. 사진은 열린음악회(영광 원전) 모습.

한국수력원자력은 '지역사회 봉사단'을 창단하여 봉사활동을 펼치고 있다. 사진은 독거노인 전기시설 지원 사업.

영국에서 발간되는 세계적인 원자력 전문지인 NEI(Nuclear Engineering International) 2005년 1월호에 따르면 2003년 10월 1일부터 2004년 9월 30일까지 1년간 세계 원전의 발전 실적을 집계한 결과 영광 3호기가 세계 원전 4백26기 중 이용률 1위를 달성한 것으로 나타났다. 영광 3호기의 세계 이용률 1위 달성은 1998년도에 이어 통산 두 번째이다.

한국 표준형 원전이 기존 원전에 비해 안전성이 더욱 향상된 원전 설비임을 입증하는 동시에 국내 기술력 및 원전 운영 능력의 우수성을 전 세계적으로 다시 한번 검증받은 것이다.

한국수력원자력은 축적된 원전 운영 및 건설기술을 바탕으로 해외 수출에도 박차를 가하고 있다. 중국에 개선형 한국 표준형 원전을 수출한 것을 비롯해 루마니아 원전 건설 및 운영 사업 참여, 베트남·인도네시아 등 개발도상국 원전 건설 사업 추진 등에 주력하고 있다.

또한 기후변화협약에 대처할 수 있는 대안에너지를 마련하기 위해 풍력발전 시범 건설 사업, 태양열 발전 기술개발 참여 등 다양한 신재생에너지 기술개발 및 발전 사업을 지속하여 추진 중이다. 이를 위해 최근 원전 수출 업무의 담당부서를 해외 사업처로 확대·개편하고 신재생에너지실도 신설하였다.

한국수력원자력은 매출액 대비 연구개발 투자비율도 일본 도쿄전력(1.1%, 2000년 기준)이나 프랑스 EDF(1.4%)보다 월등히 높은 4.2%대를 유지하였고 연간 약 3천2백억원의 원가 절감과 1천7백54GWh의 발전량 증대로 생산성을 향상시켰다.

한국수력원자력은 공기업 최대 규모의 전사적자원관리(ERP) 시스템을 전격 도입, 경영관리 · 인사 · 노무 · 품질 등 업무 전반에 적용함으로써 업무 능률을 향상시키는 것은 물론 투명 · 윤리 경영의 기반을 공고히 하고 있으며, 2002년 노사 협의를 통해 기업윤리강령을 만들고 법인카드 사용지침 등 별도의 행동 준칙까지 마련하였다. 아울러 사장이 직접 참가하는 '열린경영혁신위원회'를 설치, 윤리경영 정착에 주력하고 있다.

한국수력원자력은 '국민과 함께 하는 한수원'이라는 모토 아래 2004년 6월 지역사회 봉사단을 창단하여 각 사업소별로 진행하던 봉사활동을 8개 지역봉사대와 5개 사회봉사대, 1개 의료봉사대로 새롭게 확대, 구성하였다.

봉사단은 불우청소년 가정에 생활비를 지원하고 중고 컴퓨터 기증, 방학 중 결식아동 급식 지원, 독거노인 방문 활동 등을 펼치고 있으며 특히 의료봉사대는 매년 발전소 주변 지역 주민을 대상으로 초음파검사, 암검사, 간기능검사, 갑상선기능검사 등 다양한 검진 활동을 하고 필수 의약품을 무료로 전달하였다.

또한 지역주민과 소외계층을 위해 1계좌 1천원의 '러브 펀드(Love Fund)' 프로그램도 운영 중이다. 2004년 말 현재 전체 직원의 90% 가량인 6천3백여 명이 참가해 2천5백만원을 모았고, 회사도 매칭 그랜트(Matching Grant) 제도를 통해 동일한 액수의 성금을 내놓아 5천만원을 조성하였다.

▪ 한일시멘트

한일시멘트는 관련 기간산업 분야에서 독보적인 기업이다.

2004년 12월 말 현재 부채비율이 14.3%에 불과하고 40년 연속 흑자를 기록한 우량 기업이다. 2004년도 매출 규모는 6천6억원에 이르며 1천81억원의 순이익을 올렸다. 충청북도 단양에 위치한 생산 공장에서 연간 715만 톤의 시멘트를 생산하고 있고 전국 22개에 이르는 유통 기지도 갖추고 있다. 주요 생산 제품은 시멘트와 레미콘, 레미탈, 고강도용 혼화제 등이다.

한일시멘트는 전형적인 굴뚝업종으로 인식되고 있는 시멘트 분야에 첨단 기술과 선진적인 마케팅 전략을 도입하고 있는데, 대표적인 사례가 레미탈이다.

레미탈은 시멘트와 모래 그리고 용도에 적합한 특성 강화제가 미리 혼합되어 있어 현장에서는 물만 섞어 공사를 할 수 있도록 제작된 건축 자재로, 기계화된 시공이 가능하고 용도별로 제품이 전문화되어 경제성이 뛰어나고 건축물의 품질도 더욱 높일 수 있는 제품이다.

당시 '모험' 또는 '시기상조'라는 우려에도 불구하고 레미탈은 시장 진입에 당당히 성공하였고 현재 그 종류가 60여 가지에 이른다. 한일시멘트는 레미탈 단일 브랜드만으로 기업 전체 매출의 18%에 이르는 1천1백억원의 매출을 올리고 있고 시장 점유율도 70%에 육박하며 매년 20%에 가까운 높은 성장률을 보이고 있다.

한일시멘트가 기업 규모 면에서는 업계 중위권임에도 이 분야 선도 기업으로 손꼽히는 이유는 이 때문이며 탄탄한 재무 구조와 앞선

한일시멘트는 직원 복리후생의 일환으로 수영장, 축구장을 마련하여 편의를 제공하고 있다.

R&D 능력 등이 한일시멘트의 최대 강점이다.

한일시멘트는 1961년 12월 창립 이래 40여 년 간 한결같이 정도경영과 투명경영을 기업의 모토로 내세우고 있는데, 창업자인 고 허채경 회장의 우직한 고집이 대를 이어오고 있는 것이다.

1960년대 초반부터 당시로서는 드물게 경쟁 입찰로 시공업자를 선정하고 사원 모집에도 공개 채용 방식을 채택하였다. 1965년도에 노조가 설립된 이후 새로운 노사 문화를 정착시켜 나갔고 1969년에는 상장을 통해 기업을 시장에 공개하였다.

납세의 의무 또한 성실히 이행하여 1974년 납세의무 이행 국무총리 표창, 1986년 조세의 날 동탑산업훈장, 1992년 조세의 날 대통령 표창 등을 받았고 성실한 납세 신고를 한 공로로 정부로부터 '녹색법인'으로 지정 받기도 하였다. 기업 공개 이전부터 세무당국이나 금융기관으로부터 '공개법인 아닌 공개법인'이라는 별칭을 얻을 정도였다.

고(故) 허채경 회장은 평소 "'글무식'보다 '인(人)무식'을 경계하라"고 가르쳤다. 기업 최고의 재산은 바로 사람이기에 사람을 가장 소중하게 여겨야 하고 사원의 모든 부문을 책임져야 한다는 의견을 늘 피력할 정도로 직원들에 대한 복리후생 제도는 업계 최고 수준이다.

직원 자녀에 대한 학비 지원은 물론 사원 주택 제공, 해외 연수 및 어학 교육, 자격증 취득 지원 등을 실시하고 있고 사원 퇴직 후까지도 기업의 복리후생 범위에 포함, 각종 프로그램을 실시하고 있다.

또한 공장 내부에는 야외 수영장과 축구장을 마련하여 직원들에게 편의를 제공하여 왔다.

노조가 설립된 지 40년이 지났지만 단 한 차례도 노사분규가 일어나지 않았다는 것은 이렇듯 한일시멘트만의 앞선 복리후생 제도와 관계가 깊다고 할 수 있다.

한일시멘트는 사회적 책임을 다하는 데도 소홀히 하지 않고 있다. 세계적 규모의 생산 능력을 갖춘 단양 공장을 끼고 흐르는 하천은 수달의 서식지로도 유명하며, 공장 내부에는 천연기념물인 새매가 둥지를 틀어 화제가 되기도 했는데 이는 환경경영 및 우수한 친환경 시스템의 수준을 단적으로 보여 준다.

또한 에너지 절약과 온실가스 배출 감축을 위한 자발적 협약(VA 협약)에 국내 최초로 가입한 기업으로, 단양 공장에는 대기오염을 막기 위해 2백여 기가 넘는 대규모 집진시설이 빼곡이 들어차 있고 다른 산업 부문에서 배출되는 폐기물을 시멘트 연료 및 원료로 재활용하고 있

다. 특히 시멘트 재료를 굽는 데 사용되는 소성로는 최고 온도가 2천
도에 달하여 다이옥신과 같은 유해물질의 배출 우려가 없는 천혜의 소
각로 구실을 하고 있다.

한편 사회사업 및 문화사업의 발전을 위해 1983년 우덕재단을 설립
하여 각종 장학 사업 및 학술 연구 지원, 사회복지사업 등 공익 활동
을 펼쳐 오고 있다.

▪ GS25

GS25는 1990년 경희점을 시작으로 편의점 사업을 펼쳐 온 국내 토종 브랜드 편의점이다. 2005년 4월 BI를 LG25에서 GS25로 새롭게 변경하였다.

2001년 8월 업계 최초로 점포당 하루 평균 매출액이 2백만원을 돌파, 현재 후발 경쟁업체와 점포당 20% 이상의 매출 차이를 나타내며 지난 15년간 업계 1위 자리를 고수하고 있다. 일본, 미국 등 외국과 기술 제휴를 통해 브랜드를 도입하고 비싼 로열티를 지불하는 것이 일반화된 편의점 업계에서 한 푼의 로열티도 지불하지 않는 GS25가 강한 브랜드 파워를 바탕으로 한국 편의점의 자존심을 확고히 지키고 있는 것이다.

GS25만의 프랜차이즈 대원칙은 수익을 낼 수 있는 가맹점만을 늘린다는 것이다. 창업 대기자가 한 달 평균 3백여 명에 육박하고 있는 상황에서도 한 달 30~40여 개의 신규 매장 개점만을 고집하는 신중한 출점 전략이 바로 그것이다.

무모한 과다 출점은 곧 가맹점의 수익 악화로 이어져 점포 투자자인 가맹 경영주가 부담을 떠안게 되고, 나아가 부실 점포 양산에 따른 경영 악화로 이어지기 쉽다는 사실을 경계, 이를 지양한다.

우량점 중심의 점포 개발은 과학적 출점 방식에서 출발한다.

GS25는 지난 15년간 개점과 폐점의 원인을 분석하여 터득한 점포 개발 노하우를 바탕으로 수차례의 상권 조사 및 입지회의 제도를 거치는 등 객관적이고 신중하게 입지를 분석, 우량점 중심의 점포 개발에 힘을 쏟고 있다. 이 같은 엄격한 출점 전략으로 업계 최초로 프랜차이즈의 실질 경영지표인 점포당 하루 평균 매출 2백만원을 달성하였다.

차별화된 상품 개발과 생활 서비스 또한 GS25를 대한민국 대표 편의점으로 격상시켜 놓은 주요 요인이 되었다.

한 달에 30여 종이 넘는 차별화된 패스트푸드 메뉴 개발에 앞장서는 한편 업계 최초로 봉지형 주먹밥(일품 주먹밥)을 선보였고 업계 최대 규모인 경기도 성남 패스트푸드 전용 공장을 비롯해 총 5개의 공장을 보유하고 있다. 이후에도 지속적으로 전용 공장을 건립하여 공급 물량을 확대하고 생산 및 배송 시간을 단축하여 고객에게 신선한 상품을 공급한다는 방침이다.

GS25는 고객에게 쇼핑 이상의 편의를 제공하겠다는 일념으로 모든 점포를 'eZ Life Zone(쉽고 편한 생활공간)' 으로 만들겠다는 계획을 갖고 있다.

1997년 업계 최초로 공공요금 수납 서비스를 실시함으로써 편의점 생활 서비스의 새로운 가능성을 제시하였다.

사진 현상, 꽃배달 서비스, 공연 예약, 항공권 예매 및 발권 등으로 서비스 영역을 확대하였으며, 현재 전국 모든 점포를 대상으로 택배 서비스를 가동하고 인터넷 쇼핑몰과 연계하여 주문상품 픽업 서비스도 실시하고 서울시 교통카드(스마트카드) 단독 판매 및 충전 서비스 등 40여 종이 넘는 다양한 서비스를 제공하고 있다.

특히 금융권의 주 5일 근무로 인해 GS25는 제2의 은행 역할도 충실히 수행하고 있다.

또한 현금자동입출금기(ATM)를 국내 최다 보유하여 매장에 전진 배치하는 등 단순히 소매점이 아닌 늘 가까이 있는 생활 스테이션의 모습으로 고객에게 다가가고 있다.

2002년 동부화재, LG화재 등과 손을 잡고 자동차 보험료 수납 서비스를 국내 편의점 최초로 실시하고, 2005년 1월 정보통신부 우정사업본부와 손을 잡고 우체국 내에 별도 매장을 설치하였다. 우체국 편의점이라 불리는 포스탈 GS25는 공휴일이나 우체국 영업 시간 이외에도 우편물 발송, 금융상품 수납 등의 서비스를 제공하고 있다.

GS25의 끊임없는 혁신 활동은 외부 평가기관으로부터 높은 점수를 얻어 브랜드파워 1위 7년 연속 수상, 대한민국 브랜드스타 1위 5년 연속 선정, 고객만족도 1위 및 한국서비스 품질지수 1위 3년 연속 수상, 한국유통대상을 수상하기도 하였다.

앞으로도 개별 점포의 수익 개선을 위해 한 발 앞선 상품 및 정보 개발로 차별화된 경쟁력을 확보하고, 국내 편의점 업계의 마켓 리더십을 통하여 세계 속의 브랜드로 지속 성장할 것을 목표로 하고 있다.

▪ 대림산업

대림산업은 국내 건설사 가운데 가장 오랜 역사를 가진 기업이다.

1939년 창업 이후 불과 몇 년 만에 민족기업으로 손꼽히게 되었고 1966년 건설 도급액 순위 1위를 기록하며 국내 최초로 태국, 베트남 등의 해외 건설 공사에 진출, 1970년대 해외 건설 시장의 황금기를 이끌었다.

대림산업은 사우디아라비아, 이란, 이라크, 바레인 등 중동 국가들을 비롯하여 말레이시아, 싱가포르, 인도네시아, 브루나이, 이집트, 남아프리카공화국, 미국 등 세계 각지에서 대규모 건설 공사를 수행하며 해외 건설 붐을 조성하였다.

국내에서도 경부고속도로를 위시하여 청계천 복개 공사, 여수·울산의 석유화학 및 비료공장 등을 시공하였고 발전소, 항만시설 등 한국 경제 발전사에 획을 긋는 주요 공사를 추진하였다. 또한 국회의사당, 세종문화회관, 독립기념관, 올림픽주경기장 등 국내의 기념비적인 건축물 시공에 대부분 참가해 왔다.

국내 초고층 주상복합아파트의 효시인 서울 강남의 46층 아크로빌을 비롯해 세계 최장 대교로 손꼽히는 서해대교, 영광원자력 5·6호기 등이 그간 대림산업이 이루어 놓은 성과물이다.

국내 기업 평균 수명이 채 30년이 안 되고 특히 부침이 심한 건설산업 부문에서 66년의 관록을 쌓기란 쉽게 상상하기 힘든 것이다. 특히 국내 경제의 가장 큰 시련기였던 외환 위기 당시 대림산업이 보여 준 특유의 위기관리 능력은 현재까지도 모범적인 구조조정 사례로 손꼽

대림산업은 행복나눔, 사랑나눔, 소망나눔, 맑음나눔 활동으로 구분하여 사회공헌 활동을 추진하고 있다. 사진은 사랑의 집짓기 후원 협정 조인식.

대림산업은 외형적 성장보다는 지속 가능 경영을 중시하고 있다.

히고 있다.

대림산업은 당시 알짜 기업으로 꼽히던 LG칼텍스(현 GS칼텍스) 주식 등 보유자산을 과감히 매각하고 한화와의 석유화학부문 빅딜, 해외 자본 유치 등을 성공적으로 진행하여 1997년 말 2조 2천억원대에 달하던 차입금을 2004년 말 1조 6천억원대로 낮추었다. 이로써 부채비율 84%를 기록, 대형 건설사 가운데 우량한 수준의 재무 구조를 갖추게 되었다.

대림산업은 외형적 성장을 추구하는 '몸집 부풀리기' 보다는 지속가능 경영을 중시하고 있는데 이윤 창출만으로는 불투명하고 변수가 많은 시장 환경 속에서 살아남기 어렵다는 판단 때문이다. 100% 공개경영을 선언한 것도 이와 궤를 같이한다.

대림산업은 소비자 및 주주들에게 다양한 선택의 기회를 제공하기 위해 기업 설명회나 자체 홈페이지 등을 통해 모든 기업 경영 정보를 공개하고 있고, 24년간 연속 흑자 배당 기록을 달성하여 주주의 이익을 적극 옹호하고 있다. 2005년 3월에는 주가가 6만 4천원을 돌파, 건설업계 최초로 주가 6만원대를 넘어서기도 하였다.

이외에도 사외이사 제도, 감사실 운영, 경영 실적 공개 등 관련 법규 준수는 물론 기업 윤리강령도 별도로 마련하여 운영 중이다.

대림산업은 '고객 서비스' 를 건설업계 최초로 도입한 기업이다. 고객센터에 접수된 불만사항은 3일 이내 방문 처리를 원칙으로 하고 하자 보수 이외에 다양한 고객만족 서비스도 펼치고 있다.

가스레인지 필터 교환 및 세척을 비롯해 화장실과 세면대 청소, 침대 매트리스 소독 등을 도맡아 진행하는 '오렌지서비스', 아파트 단지

내 조경 상태를 3년간 무료로 관리해 주는 '그린 서비스' 등이 대표적인 사례이다.

문화지원 활동 및 사회공헌 활동에도 적극적인데, 신입사원 교육 프로그램에 사회복지시설 방문 등을 정규 과정으로 포함시켜 놓고 있다. 사회공헌 활동은 행복나눔 · 사랑나눔 · 소망나눔 · 맑음나눔 활동 등으로 구분, 건설업의 특성을 살려 보다 조직적으로 실천에 옮기고 있다.

'행복나눔'은 해비타트 운동에 대한 각종 지원을 가리킨다. 2005년 4월 경북 경산지역에 '사랑의 집짓기' 착공식을 가진 바 있다. 이후에도 '행복한 집 마련 운동'에 전사 차원으로 적극 나선다는 방침이다.

'사랑나눔'은 사내 동호회를 중심으로 한 봉사활동이며, '소망나눔'은 일자리 창출을 위한 각종 활동에 대한 지원 사업으로 2004년에는 자활 후견기관인 '컴퓨터로 일자리 만들기 운동본부'에 컴퓨터 및 관련 장비 7백11대를 기증하였다.

'맑음나눔'은 깨끗한 세상을 위한 다채로운 환경보호 활동을 펼치는 것을 가리킨다.

이 가운데서도 기업이 첫걸음을 뗀 인천지역에 대한 애착은 특히 유별나다. 각종 문화 혜택에서 소외되기 쉬운 아동 복지시설에 다양한 문화예술 프로그램을 마련하여 직접 찾거나 관련 단체를 후원하고 있다. 인천지역의 6개 복지시설이 그 대표적인 예이다.

또한 수해 발생 시마다 기업 특성을 살려 재해 지역에 장비를 비롯한 인적 · 물적 자원을 지원하는 복구 작업에도 적극 참여하고 있다.

▪ 삼성SDS

삼성SDS는 1985년 시스템통합 업체로 출발하여 정보 시스템 구축 및 관리를 통해 산업의 정보화를 이끌어 온 정보기술 서비스 기업이다. 국내 IT 선도 기업으로 자리매김하며 세계 45위의 소프트웨어 기업으로 성장하였다.

삼성SDS의 선전은 일찌감치 예견되어 왔다. 동종 업계에서는 찾아보기 힘든 새로운 경영 전략을 과감히 구사, IT 서비스 선도기업으로의 면모를 굳건히 해왔기 때문이다.

삼성SDS는 동종 업계 최초로 사업 전반에 마케팅 개념을 본격 도입, 조직 전체가 하나의 일관된 방향성을 갖도록 유도하였다. 2004년 신설된 마케팅팀은 전사 차원의 기획은 물론 영업 조직을 체계적으로 지원하는 마케팅 활동, 신규 사업 발굴 등을 총괄, 추진하고 있다.

또한 관련 업계에서는 처음으로 6시그마 운동을 제창하며 경영 혁신에 박차를 가하고 있다. 2004년 6시그마 운동을 통해 1백60억원 가량의 재무 성과를 거두었고 이 가운데 70%를 고객의 몫으로 돌렸다.

또한 사내 교육 프로그램에 대한 투자 못지않게 대학의 우수 IT 동아리를 발굴하고 후원하는 일에도 적극적이다. 특히 IT 분야에 강점을 가지고 있는 여성 인력을 조기에 발굴하기 위해 여대생 IT 주니어 클럽, IT분야 영재 발굴을 위한 초·중·고교생 대상 IT꿈나무 선발대회 등 다채로운 행사를 펼치고 있다.

삼성SDS가 다른 기업들과 구분되는 것은 이처럼 'IT 인재 만들기'를 장기적 관점에서 실천하고 있다는 점이다. 특히 동종 업계에서 상

삼성SDS 임직원들이 기부한 물품으로 진행된 아름다운 가게 바자회.

삼성SDS는 '전사원 헌혈 캠페인'을 펼쳐 나눔 문화를 실천하고 있다.

대적으로 소외 받아 온 여성 인력에 대한 배려는 삼성SDS만의 독특한 기업 문화라고 할 수 있다.

채용 · 임금 · 복리후생 · 교육 · 승진 · 정년 등 인사를 포함한 사내 모든 규정과 제도는 여성 인력을 차별하지 않는 데 주안점을 두어 우수 여성 인력이 충분한 능력을 발휘할 수 있도록 최적의 근무 환경을 조성하였고, 실질적인 고용 평등을 실현한 공로로 2005년 4월 노동부가 주관한 남녀고용평등우수기업으로 대통령상을 수상하였다.

'세계 최고의 전문가 집단'과 '가장 일하기 좋은 회사'를 지향하는 삼성SDS는 경영 목표를 '글로벌 일류 기업 구현'에 두고 기업의 모든 경영 활동을 기업 역량 강화에 맞추고 글로벌 기업으로 도약할 수 있는 기반을 확고히 할 방침이다.

우선 시장 선도 역량을 강화하여 고객만족도를 향상시키고 신규 사업을 발굴하기 위하여 기술 · 개발 역량에 힘을 쏟을 계획이다. 또한 이를 전사 차원에서 확고히 시스템화 하여 기업 혁신 풍토를 부단히 이어간다는 것이다.

이에 따라 수익을 중시한 내실경영을 2005년 중점 추진 과제로 정하고 선택과 집중을 통해 핵심 고객에게 자원과 역량을 집중하고, 사업상의 제반 위험에 대한 관리 역량을 향상시켜 국내 시장에서 주도권을 더욱 공고히 할 계획이다.

또한 IT 아웃소싱(ITO), 시스템통합(SI) 등 주요 사업의 수행 방식을 획기적으로 개선하여 핵심 고객사의 경쟁력을 제고하고, 성공 사례를 적극적으로 공유하여 IT 운영 수준을 전반적으로 높이고, 6시그마 운동도 보다 심화하여 일상적 경영활동에서부터 개개인의 업무에 이르기까지 구체적인 방법론으로 정착시켜 나간다는 방침이다.

효율적인 업무 수행을 위해서는 직무를 중심으로 필요 역량 및 자격 요건을 세분화하는 등 인력 지원 체제를 획기적으로 향상시켜 업무 수행에 필수적인 핵심 인력을 적극적으로 확보·양성하고 있다. 또한 생산성 향상, 컨설팅 부문 개혁 프로그램 등 업무 전반을 유기적으로 연결, 운영하는 관리 체계를 구축함으로써 프로젝트의 공정관리를 개선하고 영업활동 지원까지 이루겠다는 발상이다.

2010년 세계 10대 IT기업으로의 도약을 목표로 삼성SDS는 최강의 IT 서비스 업체로 발돋움하기 위해 미래 신규사업 육성에도 적극적이다. 기존 사업의 영역을 확장하는 동시에 유비쿼터스(Ubiquitous) 환경을 주도할 수 있도록 유틸리티 컴퓨팅, 웹서비스, RTE, 임베디드 소프트웨어 등으로 미래 신규 사업을 분류하여 과감한 투자를 적극 추진하기로 하고, 매출액의 1.5% 정도인 교육비를 향후 5%까지 단계적으로 끌어올려 우수 인력 양성에도 박차를 가할 계획이다.

▪ 삼천리

삼천리는 1955년 연탄 제조기업으로 출발하였지만 1980년대 이후 면모를 일신하여 청정에너지인 LNG사업으로 주력 사업을 전환하였다. 현재 도시가스 공급 사업에서부터 LNG를 이용한 열병합발전 사업 및 구역형 집단에너지사업(CES), 차량용 LNG 충전사업에 걸친 에너지 전문회사로서의 위상을 확고히 하고 있다.

삼천리는 2004년 말 현재 1조 3천억원대의 매출로 도시가스 판매량 1위를 기록함으로써 업계 최초로 회사채 신용등급 AA-를 획득하고, 우수한 재무 건전성을 바탕으로 업계 선도기업으로서 입지를 다지고 있다. 특히 1988년 이후 판매량 전국 1위의 실현과 함께 2001년 업계 최초로 매출액 1조원을 달성하는 등 매년 흑자 경영의 기조를 유지하고 있는 우량 기업이다.

국내 최장의 배관 네트워크를 통해 경기도와 인천 지역의 2백만여 가정에 가정·영업·업무·산업용 천연가스를 공급, 전국 33개 도시가스 회사 중 20%의 가장 높은 시장 점유율을 보이고 있다.

2004년 도시가스 판매량은 2003년 대비 4%의 판매 신장을 달성하였으며 당기순이익은 4백57억원에 달하고 최근 5년간 매출이 연평균 16%씩 늘어나고 있다.

최근 들어서 삼천리는 석유 에너지의 편중에 따른 정부 차원의 에너지 다변화 정책에 일조하고, 열병합발전사업, 구역형 집단에너지 사업, 천연가스 차량에 대한 충전 사업 등 국민 생활과 밀접한 환경을 고려한 사업에 대한 투자로 미래가치를 높이고 있다.

열병합발전사업은 청정에너지인 LNG를 활용하여 수원 민자역사를 비롯해 병원, 백화점 등 9개소에 발전 시스템을 보급하고 있는데 국내 열병합 발전시스템의 15.5%를 점유하고 있다. 또한 건물 밀집 지역에 전기 및 냉·난방을 일괄 공급하는 구역형 집단에너지 사업에 나서고 있으며, 압축천연가스를 활용한 천연가스 차량에 대한 충전 사업 등 환경친화 사업을 실시하고 있다. 도쿄의정서가 발효되고 LNG 등의 우수성이 급부상하면서 더욱 주목을 받는 중이다.

삼천리는 21세기 지식·정보화 사회에 맞는 우수한 인적자원을 기업의 핵심 경쟁력으로 파악하였다. 구체적으로는 2003년 자체 연수원을 건립하고 신입사원 교육에서부터 직급별 업무능력 향상 과정 및 세미나 등의 과학적이고 체계적인 프로그램을 갖추고 이에 대한 투자와 지원을 실행하고 있다.

임직원을 대상으로 하는 사내 MBA 과정을 개설하여 급변하는 국내외 환경에 적극적이고 능동적으로 대처해 나갈 수 있는 인재를 양성하고, 또한 기술교육 전임 교수제를 확대 시행하는 것을 비롯하여 해외 대학 MBA 과정 파견 교육, 어학 우수자의 해외 연수 등 다채로운 교육 프로그램을 실시하고 있다.

고객만족의 극대화를 경영 방침으로 하고 있는 삼천리는 업계 최초로 ERP(Enterprise Resource Planning : 전사적자원관리) 시스템을 구축하고 사이버 고객센터를 운영하고 있다. 이는 고객이 도시가스요금을 납부하기 위해 은행을 방문할 필요 없이 간단하게 인터넷상에서 직접 조회 및 납부할 수 있도록 한 시스템으로 삼천리의 대표적인 고객 중심 업무 프로세스 가운데 하나이다.

또한 경기도 군포와 부천에 각각 도시가스 관련 홍보관을 운영하여 도시가스의 올바른 사용을 위한 교육을 실시하고 있는데 방문객을 대상으로 요리 강습 등 실용 강좌도 겸하고 있어 좋은 반응을 얻고 있다.

삼천리는 독거노인 방문 및 영정사진 촬영, 소년소녀 가장과의 결연, 헌혈 봉사, 사랑의 쌀 전달, 보일러 무료 수리 등에 적극 나서고 있고 시각장애인을 위한 개안 수술비를 지원하고 있는데, 이러한 활동에는 기업 임직원뿐만 아니라 그 가족들도 활발히 참여하고 있다.

또한 1987년 장학재단 천만장학회를 설립하여 학업 성적이 우수하지만 가정 환경이 어려운 학생들을 위해 교육 및 문화활동을 지원하고 있다. 연간 약 70명에 이르는 고교 및 대학생들에게 1년간 학비 전액을 지원하는 등 현재까지 약 1천여 명에게 19억원의 장학금을 전달해 왔다.

삼천리는 공원 및 길거리 쓰레기 청소에서부터 치어 등의 방류 행사를 비롯, 서해안 갯벌과 내천 정화활동 등을 정기적으로 실시하는 등 환경 파수꾼의 역할을 자처하고 있고, 2002년 인천시와 경기도에 총 7억원에 달하는 천연가스 버스를 기증하는 등 정부의 환경 정책에 적극 동참함으로써 환경에 대한 책임을 다하고 지역사회를 위해 적극적으로 노력하는 모습을 보여 주고 있다.

미래는
존경받는 기업을
원한다

1판 1쇄 발행 2005년 5월 14일
　　2쇄 발행 2008년 10월 10일

편저자 김종립
펴낸이 이웅녕
펴낸곳 리드리드출판(주)
출판등록 1978년 5월 15일(제13-19호)
주소 서울 마포구 도화동 544 고려빌딩 209호
홈페이지 www.readlead.kr
이메일 we@readlead.kr
전화 (02)719-1424
팩시밀리 (02)719-1404

ISBN 89-7277-235-6 13320
값 12,000원